破壊外交

完全まとめ

民主党政権の3年間で日本は何を失ったか

阿比留瑠比

Abiru Rui

プロローグ

手元に、「民主党が政権をとれば」というチラシがある。3年前の政権交代の直前、2009（平成21）年の春から夏にかけて民主党が配布したもので、そこにはこう記されている。

「自立と共生の外交で世界を安定させます！」

「アメリカ追従で破綻した小泉―安倍外交路線を転換し、わが国の外交への信頼を取り戻さなければなりません」

「一回やらせてみよう　民主党」……。

質の悪いジョークをみるようだ。1回やらせてみた結果、今どういう問題が生じているだろうか。世界は安定するどころかより不安定化し、わが国の外交は信頼されるどころか諸外国に相手にもされない。

鳩山由紀夫、菅直人、野田佳彦の3代の政権は「公約」通り、日米同盟を弱体化させた結果、近隣諸国を増長させた。民主党が最も重視したはずのアジア外交は見事に破綻し、日中、日韓関係は戦後最悪となっている。

この3年間で、日本外交は停滞どころか大きく後退し、完膚《かんぷ》無きまでに「破壊」された。戦後、営々と積み重ねてきた外交努力は水泡に帰し、領土問題・歴史認識問題をはじめ状況は悪化の一途をたどった。国際的な地位、信用、イメージなど失ったものはあまりに多い。

所詮、民主党には外交を担う能力も覚悟も識見もなく、初めから無理だったのだ。政権交代という壮大な実験の失敗は、外交面でもわが国に大きな傷跡を残した。

通用しない経験則

「日本は米国の同盟国だというが、本当にそうか？」

外務省高官は２０１２年2月、米紙ワシントン・ポストの著名コラムニスト、アル・カーメン氏にこんな根本的な疑問を投げつけられた。同氏は鳩山元首相に「ルーピー（愚か者）」と命名したことでも知られる。

このころ、日米両政府は在日米軍再編計画の見直し協議を行い、米軍普天間飛行場（沖縄県宜野湾市）の移設問題と、在沖縄米海兵隊のグアム移転問題を切り離した。

以降も、米軍再編をめぐる日米協議は各レベルで断続的に続いたが、住宅密集地に隣接する危険性から何より急がれていたはずの米軍普天間飛行場移設問題は、ほとんど議題に上らなくなっていた。

そして野田首相の訪米を間近に控えた4月25日。在日米軍再編計画の見直し合意をめぐり、予定された共同文書発表が異例の2日先送りとなった。米議会が難色を示したのが理由だったが、「途中はもめても、まとまるときはまとまるのが日米同盟関係だ」（外務省幹部）という日本側の経験則はもう通用しなかった。

「（米側の対応に）はらわたが煮えくりかえる……」

ある政府高官は米側のぞんざいな対応にうめいた。だが、日本がかくも軽視されるに至ったのには理由がある。

「日本では過去のことだと忘れられがちだが、米側は鳩山政権で日本が対テロ包囲網から外れ、インド洋での海上自衛隊による補給活動をやめたことにまだ怒っていた」

２０１２年3月、訪米して米政府や議会の外交スタッフ多数と議論した島田洋一福井県立大教授は指摘する。その際、異口同音に「無責任で許せない」と名指しで批判されていたのが鳩山氏だという。

思いつきと責任放棄

２００９年９月、民主党政権が誕生して初代首相に就いた鳩山氏は、日本の国際社会における生存基盤ともいえる日米同盟を確実に壊していった。

普天間移設先について思いつきで「最低でも県外」と公約した鳩山氏はその自身の言葉に拘泥《こうでい》し、当てもないのに「（移設先の）腹案がある」と言い続けた。オバマ米大統領には「プリーズ・トラスト・ミー（私を信頼してほしい）」と言い放ち、解決のめどがついていた普天間問題を「迷宮入り」させた。

鳩山氏が提唱した「東アジア共同体構想」も米国の不信感を増幅させた。鳩山氏は当時の岡田克也外相とも外務省幹部とも構想の中身や目的について何も打ち合わせずに発信していた。

この他、鳩山氏が訴えた「対等な日米関係」や当時の小沢一郎幹事長が主張した「日米中正三角形論」、岡田氏による日米「核密約」の調査・公表へのこだわりも米側の同盟国・日本への疑念を募らせた。

続く菅前首相も鳩山氏と同様、野党時代には在沖縄米海兵隊の海外移転を持論としていたほか、副総理・国家戦略担当相となった２００９年９月には喜納昌吉参院議員（当時）にこんな本音を述べている。

「基地問題はもうどうにもならない。タッチしたくない。もう沖縄は独立したほうがいい」

（喜納氏の著書『沖縄の自己決定権』）

沖縄県民への同胞意識も持たず、沖縄の地政学上の重要性も認識していない無責任極まる発言だ。この程度の国家意識しかなく「外交に自信も関心もない」（外交筋）と見切られていた菅政権でも当然、日米関係は改善されはしない。

鳩山氏は2012年4月には核開発疑惑をめぐって政府が欧米諸国と協調して制裁圧力を強めていたイランに、野田首相の制止を振り切って強行訪問し、日米間に緊張を走らせた。

「いったい、どういうつもりなのか！」

外務省には米国務省から緊急の照会が入った。政務三役は「鳩山氏なら『アホ』で済む」とせせら笑ったが、元首相で党外交担当最高顧問という肩書は重い。鳩山氏はまんまと日本と欧米の足並みを乱すイランの宣伝工作に乗せられ、日本外交をおとしめた。

それでも鳩山氏には自覚も反省も全くない。4月23日の自身のグループ会合ではこう述べて周囲を凍りつかせた。

「自分としては正しいことをやっているという強い意志を持って行動しているので、メディアがどう書いても気にならない」

もともと保守系から左派議員まで寄せ集めの民主党内では、党内が割れることを恐れてまともに外交が議論されてこなかった。政権交代前、民主党の「次の内閣」外相だった鉢呂吉雄前経済産業相をめぐっては、こんなエピソードがある。

2009年2月、東京で欧州各国に駐在する日本大使を集めた欧州大使会議が開かれた際、講師を依頼された鉢呂氏と外務省高官との間でこんなやりとりがあったという。

鉢呂氏「会議では何を話せばいいのか」

高官「例えば民主党の外交政策ではどうですか」

鉢呂氏「そんなものは、ない!」

*

「民主党は中国共産党の職員に対し、もともとは税金のお金を渡している。とんでもない外交だ!」

2012年4月4日の参院予算委員会でのことだ。自民党の西田昌司氏は民主党の対中外交を厳しく批判した。

西田氏が指摘したのは、中国共産党の対外政治工作にもかかわる中央対外連絡部の職員が、民主党の留学支援で一橋大に留学していた問題だ。政治資金収支報告書によると、民主党は2004年1月からの9カ月間で計142万2600円をこの職員に支出している。

野田首相は事実関係を認めた上で目的についてこう答弁した。

「日中の友好促進にとってお互いの理解を深めるには国対国、民間対民間あるいは政党対政党、さまざまなチャンネルを通じた交流は必要だ」

だが、外務省の中国担当経験者は「こんな話聞いたことがない。ちょっと考えられない」と語る。なぜ、わざわざ国民の税金である政党助成金を含む党費で、中共職員を接遇する必要があるのか。

小沢氏は〝朝貢〟

民主党外交の特徴は、外国勢力に対する警戒心の薄さにある。特に中国に対しては「外務省を通さず、それぞれの議員が直接、在日中国大使館などと交渉したがり収拾がつかない」(日中外交筋)という。

野田首相の制止を無視してイラン訪問を強行した鳩山氏(当時・党外交担当最高顧問)だけが例外なのではない。政府と党、各議員で、それぞれの思惑や利害がらみのバラバラな対応となりがちだ。

民主党政権発足直後の2009年12月、当時の小沢幹事長は党所属国会議員142人を伴って中国を訪問した。秘書や後援会関係者を合わせると600人規模の「史上最大の海外訪問団」（外務省関係者）で、「朝貢外交《ちょうこう》」ともいわれた。

そしてその直後に来日した中国の習近平国家副主席が、会見希望日の1カ月前までに申請する「1カ月ルール」を破って天皇陛下と「特例会見」を行った。

このとき、外務省も宮内庁も強く反対したが、小沢氏がいったんは会見断念に傾いた鳩山氏に電話をかけて「いったい何をやっているんだ！」とごり押ししたのだ。

特例会見実現で習副主席はライバルに差をつけ、胡錦濤国家主席の後継者は自分であると内外に印象づけることに成功した。同時に中国は民主党政権について、圧力を加えれば国内ルールを破ってでも従ってくると学習したのは間違いない。

仙谷氏は密使派遣

2010年の9月には、沖縄・尖閣諸島沖で中国漁船が海上保安庁の巡視船に体当たりする事件が発生した。この時の菅首相も中国側の強硬姿勢に「ベタ折れ」（日中外交筋）し、勾留期限を待たずに超法規的に船長を釈放させた。中国の思惑通りに操られた揚げ句、那覇地検にこう責任をなすりつけもした。

「検察当局が事件の性質などを総合的に考慮し、国内法に基づいて粛々と判断した」
仙谷由人官房長官はやはり正規の外交ルートを通さず民主党の細野豪志幹事長代理を密使として中国に派遣し、関係修復を図った。こうした外交記録が残らない議員外交では、中国側にどんな言質をとられているか分からない。何らかの密約が交わされても、国民には検証不能という危険性がある。

さらに見逃せないのは、「メドベージェフ大統領が訪問中の中国から北方領土に向かう計画だ」（ロシア・サハリンの地元通信社）と報じられたのが、中国人船長釈放のわずか2日後だったことだ。ロシアは日本の対中屈服を分析し、好機ととらえたのではないか。

そして同年11月、メドベージェフ大統領はソ連時代も含むロシアの国家元首として初めて、北方領土・国後島を訪問した。２０１２年7月には首相として再び国後の地を踏んでいる。

メドベージェフ大統領は２０１１年9月の訪中の際には、中国側と先の大戦での対日戦で中ソ両国が共闘したとの歴史認識を確認している。中国側と示し合わせての北方領土訪問だった可能性もある。

ところが、民主党に中国漁船衝突事件での対応の誤りがこうした事態を招いていることへの反省はない。仙谷氏は２０１２年1月の講演でこう言い放った。

「私はいまだにあの時にやったことはすべて正しかったと思っている」

鳩山氏は親書持参

野田政権になっても民主党外交は揺るぎなく稚拙だ。複数の党幹部は２０１１年9月の政権発足時、韓国情勢についてこう楽観していた。

「歴代大統領は任期終盤になると日本批判で求心力を高めようとしてきたが、李明博さんは全然違う」

李大統領に限って歴史認識カードをもてあそばないという甘い見方だったが、２０１１年12月の日韓首脳会談で大統領は会談の大部分を慰安婦問題に割き「優先的解決」を要求した。この間、韓国による島根県・竹島の支配態勢も着々と強化された。

２０１２年8月には、李氏はとうとう自ら竹島に上陸した。李氏について勝手に「これまでの大統領とは異なる」と思い込み、片思いを続けた結果がこれだ。

「政権交代後の3年間で、日本の領土外交は本当に後退してしまった……」

外務省幹部がこう振り返る通り、同盟国・米国を軽視する一方、他国には譲歩一辺倒なのが民主党政権の外交姿勢だ。

２０１２年3月には輿石東幹事長と、鳩山氏が同時期に別々に中国を訪問するというちぐはぐさを見せつけた。２人は同じ23日に個別に習副主席と会談したのだ。

しかもこの際、鳩山氏は胡主席宛ての小沢氏の親書を持参した。小沢氏は野田首相の消費税増税路線に批判を強めていただけに、あたかも党が分裂し、それぞれの正統性を宗主国《そうしゅこく》に認めてもらうためのようだった。

常軌を逸した姿には、自民党の親中派と目される議員も眉をひそめる。日中協会会長の野田毅元自治相は嘆息する。

「これでは中国側に対日カードを何枚も持たせて優位に立たせてしまう……」

東京都の石原慎太郎知事が尖閣諸島購入を表明すると、野田政権は慌てて国有化へと突き進んだ。それ自体はむしろ当然の話だが、わざわざ野田首相がロシア・ウラジオストクで中国の胡錦濤国家主席と会い、直接抗議を受けた2日後の9月11日に国有化したことで、余計に問題をこじらせている。

民主党政権の外交音痴は病膏肓《こうこう》に入り、もはや手の施しようがない。

*

筆者は、民主党政権の最初の2年間を首相官邸キャップとして、その後を政治部の外交担当記者として間近で見てきた。

目の前で繰り広げられるあまりに稚拙で無原則で場当たり的な「外交ごっこ」の数々に、憤りと焦燥感を覚え、終いには奇妙な諦観に囚《とら》われる日々だった。本書は、そのごく一部のささやかな記録である。

民主党政権は現在も続いているが、「こんな破壊的で愚かな時代があったのだ」と、いつか笑って振り返ることができる日が来ることを切に願う。

平成24年9月末日　阿比留　瑠比

編集註　本書は、産経新聞の署名記事とブログ『国を憂い、われとわが身を甘やかすの記』を元に再編集、加筆したものです。肩書き、数字等は、その項の冒頭に明記する日付当時のもの、本文註は編集部によるものです。また、「破壊外交」年表は編集部が作成しました。

破壊外交

民主党政権の3年間で日本は何を失ったか ◎ 目次

第二章 尖閣事件をつくった赤い官房長官と総理

第三章　対中、対ロ、対韓、敗北ドミノ

第四章 一瞬にして国益を損なう国家観

装幀　朝倉まり
帯写真提供　共同通信社
扉写真提供　産経新聞社
ＤＴＰ製作　荒川典久

第一章

「トラスト・ミー」から始まった無責任外交

2009年

4月18日　鳩山由紀夫民主党幹事長、ニコニコ動画の討論会で、**「日本列島は日本人だけの所有物じゃないんですから」「私は定住外国人の参政権ぐらい当然付与されるべきだと思っています」**。

5月15日　鳩山代表、日本記者クラブ討論会で、「**外交というのは、価値観の違う国々が、いかに共存共栄というか、自立をしながら共生をする。そういった関係を作り上げるものである**」。

7月19日　鳩山代表が、沖縄で米軍普天間飛行場移転問題について「**最低でも県外**」。

8月30日　第45回衆院選で、民主党が308議席を獲得し、衆議院第一党になる。

9月4日　鳩山代表、韓国の権哲賢駐日大使との会談で、「**歴史認識でも過去を直視できる政権になる。それが自民党政権との違い。友愛精神の下で韓日関係を両国間の関係だけではなく、多国間関係に発展させる**」。

9月16日　第172回国会で、鳩山代表が第93代内閣総理大臣に指名される。

10月9日　鳩山首相、韓国で李明博大統領と会談。記者会見で、外国人地方参政権付与について、「**前向きに結論を出していきたい**」。

10月23日　岡田克也外相、普天間移転問題で「**事実上、県外というのは選択肢として考えられない状況である**」と言明。

11月13日　鳩山首相、日米首脳会談で「**トラスト・ミー**」発言。「**オバマ大統領は分かっていただける人だ。心配はしていない**」。

11月25日　鳩山首相、全国知事会議で「**国というものが何だかよく分からない**」。

12月10日　小沢一郎幹事長、民主党議員142人と中国を訪問、一人ひとりが胡錦濤主席との握手と写真撮影を行った。

12月12日　小沢幹事長、韓国で日本の植民地支配について「**日本国民として謝罪しなければならない歴史的事実だ**」。

12月14日　小沢幹事長、天皇陛下と中国の習近平副主席の会見をめぐり、「**陛下の体調がすぐれないなら優位性の低い（他の）行事はお休みになればいいこと**」「**天皇陛下ご自身に聞いてみたら、手違いで遅れたかもしれないが会いましょうと必ずおっしゃると思う**」。

12月14日　鳩山首相、天皇陛下と習副主席の会見をめぐり、「**日中関係をさらに未来的に発展させるた**

めに大変大きな意味があると思っていますから、判断は間違ってなかった」。

12月15日　鳩山首相、普天間移転問題で、「**最終判断を先送りし、今後、与党3党の実務者による委員会を設置して検討する**」との政府方針を決定。

2010年

1月12日　山岡賢次国対委員長、民団中央本部の新年会で、永住外国人に地方参政権を付与する法案について「**今国会で実現するよう錦の御旗として全力で取り組む**」。

1月22日　鳩山首相、衆院予算委員会で「**5月末まで（に決める）という形にして、今は良かったと思う**」と普天間問題解決の先送りを正当化。

3月17日　鳩山首相、「東アジア共同体構想」について、『開かれた国益』という言葉をあえて使いたい。**日本という国がまだ鎖国的な意識を持っている。一人一人の心の壁を取り除くことが大事な発想だ**」と発言。

4月7日　鳩山首相、国家公務員合同初任研修の訓示で「**トップの首相が大バカ者であれば、そんな国がもつわけがない**」。

4月21日　鳩山首相、自民党の谷垣禎一総裁との党首討論で、「**ワシントン・ポストの言うように、私は愚かな首相かもしれません**」。

5月4日　鳩山首相、沖縄県の仲井眞弘多知事との会談で、「**（選挙前に掲げた）すべてを県外にというのは現実問題として難しい**」。会談後のインタビューでは、「最低でも県外」発言について、「**民主党の公約ではなかった**」、「**知れば知るほど、海兵隊の抑止力が大きいと解った**」。

5月8日　鳩山首相、「最低でも県外」発言について、「**努力をしたいという思いで今日まで行動してきた。場当たりな発言は一切していない**」と発言。

5月27日　鳩山首相、全国知事会議で、「**日中の間で衝突があったとき、アメリカは安保条約の立場で行動する。しかし（尖閣諸島の）帰属問題は日中当事者同士で議論して結論を出す、と私は理解をしている**」。

▼実態不明の「東アジア共同体構想」　2009年10月17日

鳩山由紀夫首相が外遊づいている。就任以来、国連総会での演説、日米首脳会談、日中韓首脳会談……と立て続けにこなし、「友愛外交」を展開中だ。２００９（平成21）年10月23日からタイ・ホアヒンで開かれる東南アジア諸国連合（ＡＳＥＡＮ）との会合にも出席し、自ら掲げる「東アジア共同体構想」を訴えるとみられる。だが、首相が固執するこの構想は、実態不明のままだ。

鳩山首相や岡田克也外相が提唱する東アジア共同体構想について、外務省幹部は率直にこう打ち明ける。

「首相らから、これがイメージだと聞いたことはない。首相の最近の首脳会談や演説内容を元に想定するしかない」

つまり、実際に外交交渉にあたる当事者ですら、構想について具体的に把握できずにいるのが現状だ。肝心の共同体の枠組みにしても、「米国を除外するつもりはない」とする鳩山首相と、米国は対象外とする岡田外相とで食い違っている。

10月10日の日中韓共同声明では、「鳩山首相の強い意向」（政府筋）で構想が「長期的目標として引き続きコミットし」と簡単に盛り込まれたが、3カ国首脳会談ではこれについて明示的なやりとりはなかった。

同行筋によると、中国の温家宝首相、韓国の李明博大統領はそれぞれ「『いいんじゃないか』という感じ」だったという。鳩山首相の韓中歴訪にあたって10月8日、記者団に「構想を机上の空論に終わらせたくない」と意気込みは語っていたが、あまり本気で相手にされなかったというのが実情のようだ。

また、鳩山首相は構想について韓国では「(民主主義の)価値観を共有している日韓の2国が核となる」と指摘した。一方で、中国では「価値観を共有する国も必ずしもない国もあるが、互いの違いを見つめながら一歩一歩積み上げていくことが大切だ」と強調するなど、いったいどうしたいのか理解に苦しむ言動をとっている。

中国は米国に次ぐ世界第2位の経済大国になる。中国は今後、ますます東アジアや東南アジア地域での覇権を握り、牢固《ろうこ》にしていくとみられている。

そうした国際環境下にあって、鳩山首相は日中韓首脳会談で「今まで米国に依存しすぎていた。アジアをもっと重視する政策をつくり上げていきたい」と表明した。民主党は、実力者の小沢一郎幹事長が日米中の等距離外交論「日米中正三角形論」を唱えていることもあり、首相の発言は米国離れと対中傾斜との印象を与えかねない。

鳩山首相が8月に月刊誌に寄稿した論文で、東アジアを「わが国が生きていく基本的な生活空間」と位置づけ、「米国主導のグローバリゼーション（地球規模化）」を批判した経緯もある。米国からみれば「世界全体ではだめで、東アジアのブロック経済はいいのか」と受け取られはしないか。また、アジアで米国の存在感が低下し、中国の影響力が増大していくことを、アジア各国が果たして望んでいるだろうか。

10月6日に鳩山首相と会談したシンガポールのリー・シェンロン首相は共同体構想について「米国の関与が重要だ」とクギを刺した。会談前には、報道各社のインタビューに「共同体の提案について詳しい説明がほとんどない」とも指摘していた。

鳩山首相は構想について、ＥＵ（欧州連合）の統合過程を一つのモデルと考えているようだ。だが、東アジアにはもともと欧州諸国のような共通の理念や価値観、宗教的背景はなく、安全保障上の利害も一致していない。

よく分からない東アジア共同体構想をもてあそんでいるうちに、日米離反が進行してしまえば喜ぶ国はどこか。鳩山首相にその認識と自覚はあるのだろうか。

「国というものが分からない」 2009年11月26日

鳩山由紀夫首相は2009年11月25日、都内の都道府県会館で開かれた全国知事会でのあいさつで、気になることを述べていました。以下、話の文脈を理解するために前後の段落も含めて掲載しますが、鳩山氏は確かに「国というものが何だかよく分からない」と語っています。

「国とは何か」と大上段に構えて聞かれると、咄嗟《とっさ》に答えられないことはあるでしょうが、一国の首相が公の場で知事たちに「何だかよく分からない」と言っているのには、やはり当惑させられます。

かつて鳩山首相は永住外国人への地方参政権付与を主張した際に、「『日本列島は日本人の所有物と思うな』などという発想は、日本人の意識を開くことであり、死を覚悟せねば成就は不可能であろう。私はそこまで日本を開かない限り、日本自体の延命はないと信じる」（2002年8月8日付『夕刊フジ』コラム）という哲学を披露していました。

ここまで言い切っておきながら、その自分が開こうとしている国について「何だか分からない」はないだろうと感じる次第です。こういう人だから、普天間飛行場移設問題をはじめ国家の安全保障の重要性などがどうしても理解できないのかとも思います。
政治家それぞれの国家観の違いや何に優先順位を置くかに差異があっても構わないとは思いますが、鳩山氏の場合、「いったい何を言っているのだろう。自分の言っていることが分かってしゃべっているのか」と不思議に思うことしきりです。

《**鳩山氏**　私たちは、ただ政権交代がしたくて政権交代をしたわけではありません。やはり、この国の形を根本から変えなきゃいかん、そんな思いで行動してまいったところでございます。私はいろんなご批判もいただいておりますが、友愛社会というものを実現をしたい、そのように思っております。それは、考え方などがいろいろ違っていても、それぞれむしろ違いというものを尊敬をしながら、違いを認め合う、そしてお互いに補い合う、そんな社会を実現をしてまいりたいと、そのように思っております。

ということは今までのように、何でもかんでもいわゆる、国というものがあって、国というものが何だかよく分からないんですが、国というものが力を持って、何でもがんじがらめで、地域を縛ってしまう、そういうやり方は一切やらないと。むしろそのように達しているところでございます。それを私たちは地方分権というよりも、むしろ地方に権利を分け与えるという地方分権ではなくて、地域にこそ主権がある、地域主権の国造りに抜本的に変えてまいりたいとそのように思っておりまして、だからこそ私はあえて所信表明の中で、国の政治の役割というものはさほど大きくないものなのかもしれない。いやむしろそのほうが望ましいのではないかと、そのような事まで、あえてその時に申し上げたのでございます。
地域主権、すなわち、地域のことは基本的に地域でかなえられるように、そのようにさせていただくというか、国というものはむしろ、ある意味で、皆さん方が地域でなさることをそれとなく、必要に応じて、それとなく支えることができる、そんな国と地域のあり方に変えていきたい、そのように思っておりまして、それを私たちはいわゆる補完性の原理に基づいて、国と地域のあり方を、むしろ地域があって国があるというような考えに基づいて、行動を強めてまいりたいと、そのように感じているところでございまして、私たちは、地域主権を1丁目1番地の思いのように、歩きながらこれから新たな国と地域のあり方というものを、模索をして実現をしてまいりたいと思っております》
私もおおむね地方分権には賛成なのですが、鳩山氏のように「国というものが何だか分からない」ままで、地方主権を主張されると、居心地の悪さを覚えてしまいます。

鳩山首相の〝だまし討ち〟 2009年11月21日

「普天間移設の停滞、インド洋での補給中止、地位協定改定、思いやり予算縮減と、鳩山政権は一つでも大変な難問を一度に4つ抱え込んだ」

首相経験者の1人は、日米関係の現状を憂慮する。鳩山政権に真剣に米国と対峙《たいじ》する覚悟と準備があるならばまだしも、ただ「政権が代わったのだから」（閣僚の1人）では、とても現実的な対応とはいえない。

鳩山由紀夫首相は2009年11月14日夜、日米間の懸案である米軍普天間飛行場の移設問題について、前日の日米首脳会談で合意した日米閣僚級作業グループでの検討は、名護市への移設を決めた2006年の日米合意を前提としないとしてこう語った。

「オバマ大統領とすれば日米合意を前提と思っていたいだろうが、それが前提なら作業グループを作る必要がない」

一方、オバマ大統領は11月14日昼の演説で「（作業グループは）すでに達した合意を履《り》行《こう》するためのもの」と述べていた。この食い違いについて自民党の石破茂政調会長は「首相の背信行為」と指摘したが、鳩山首相に「Ｔｒｕｓｔ　ｍｅ（信頼してほしい）」と言われていた大統領にしてみれば〝だまし討ち〟そのものだ。

鳩山首相自身が周囲に「オバマさんは分かってくれる人だ」と漏らしていたことからも、一種の「甘え」があるようだ。首相は一方で、衆院選のマニフェスト（政権公約）に対しては「国民との契約であり実行したい」と繰り返す。国民との約束は守るが、米国との合意は破っていいというのは理屈が通らない。基本的にキリスト教社会である米国は本来、首相が強調する「大統領との個人的信頼関係」などよりも、交わされた契約を重視する国であるはずだ。

また、本来は国が全責任を負うべき安全保障問題であるにもかかわらず、鳩山首相は沖縄の有権者の選択に問題を委《ゆだ》ねようとしている。一見「民主的」なようでいて、実は地域住民に責任を押しつけているだけではないか。

ただでさえ日米間にすきま風が吹く中での民主党幹部の発言も、無神経に響く。小沢一郎幹事長は大統領来日が間近に迫った11月10日、キリスト教について「排他的で独善的な宗教だ」とことさら批判してみせた。オバマ大統領が２００９年1月の就任式で、聖書に手を置いて宣誓したのは周知の事実なのにである。

小沢氏の持論は日本、米国、中国は等距離の関係であるべきだとする「日米中正三角形論」だ。だが、唯一の同盟国である民主主義国と、日本に数百発の弾道ミサイルを向ける一党独裁国家とを同列に並べること自体、いかにも乱暴だ。

その対中関係をめぐって、鳩山首相は10月に温家宝首相と会談した際、日中が共同開発で合意している東シナ海のガス田について、条約締結交渉などの日中協議の先送りを容認したととられる発言をした。温首相が「(中国の)国民的な感情の問題もある。『急がば回れ』という言葉もある」と述べたのに対し、鳩山首相は「その通りです。まさに『急がば回れ』です」と応じ、中国側を喜ばせたのだ。

11月15日にはシンガポールでアジア政策について講演し、「60年以上がたった今もなお、真の和解が達成されたとは必ずしも考えられない」と語った。決着済みの戦後賠償問題を自ら蒸し返そうというのだろうか。

相手に迎合するだけでは、問題解決にはつながらない。鳩山首相は「意識的『夢遊者』(平野貞夫元参院議員)を卒業し、目を覚まして現実を直視してほしい。

鳩山政権の盧武鉉政権化　2009年12月2日

産経新聞ソウル支局長・黒田勝弘記者のソウル発の記事によると、韓国では、鳩山政権が発足する前あたりから、「鳩山は日本の盧武鉉《ノムヒョン》か？」という議論が展開されているそうです。これに対して「なるほど」と納得する半面、「それだけは勘弁してほしい」とも感じていた次第です。

その後、東アジア共同体構想や米軍普天間飛行場問題などへの鳩山内閣の対応を見るにつけ、やっぱり鳩山由紀夫氏は日本の盧武鉉氏だったかという思いを強くしています。

黒田氏は、２００９年11月20日のコラムで、次のように書いています。

《左派・革新系の盧武鉉前政権は「米国にも言いたいことは言う」として、基地問題をはじめ対米関係の見直しや、「東アジアで均衡者になる」と称して米国との同盟を揺さぶった。（中略）皮肉なことに、今度は逆に「鳩山政権の盧武鉉化」が言われている》

確かに、鳩山氏が強調する「米国との対等な関係」や「日本が米国とアジアの架け橋になる」といった言葉は、やっぱり盧武鉉氏の言動に似ているように感じます。盧武鉉氏の大統領時代は、失礼ながら「韓国の人は気の毒だなあ」と対岸の火事を遠くから眺めていたのですが、李明博政権になって、それがいつのまにか日韓の立場が逆転していたというわけです。

盧武鉉政権といえば、次のような話があります。２００６年の日米韓3カ国首脳会談を前に、当時の安倍晋三首相はブッシュ米大統領から「ミスター安倍、面倒だから盧武鉉とは朝鮮半島の話はしないでおこう」と言われたそうです。当事者である韓国大統領とは朝鮮半島問題の協議ができないという笑えぬ笑い話です。そして、気がつけば日本は今、それに近い状況に陥りかけているのではないでしょうか。

11月16日に行われた超党派の真・保守政策研究会の総会（勉強会）で、中西輝政京大大学院教授の講演と質疑の議事録に、次のようなやりとりがありました。ここでも盧武鉉氏と鳩山氏の相似の指摘があります。

《**質問者**　台湾の馬英九《まえいきゅう》政権は、鳩山首相と比較して、どこまで中国寄りなのか。逆に言えば、鳩山首相は馬さんよりももっと中国寄りなのか、あるいはもっと手前なのか。

中西氏　はい。鳩山さんは、私は馬英九というよりも盧武鉉だと思うのです。ですから、何か深い考えがあるとか、戦略を持っているわけではない。馬英九ははっきり戦略を持って、着々と布石を打ってくるような形で政治をやっているのではないかと思います。

鳩山さんは盧武鉉的に思いつき的な理想というか、ある世代特有の理想ですね。韓国の場合は80年代に学生運動をした人、盧武鉉さんはまさにその世代だったわけで、非常に底が浅く見えやすい。馬英九のような、文明史的というか、シナ文明に特有のものすごく深い孫子的発想みたいなものは、一切鳩山さんには見えません。（中略）ともあれ、馬英九と鳩山さんを比べれば、それはやはりちょっと馬英九さんに可哀想なのではないかな、と思います》

民主党は中国の走狗　２００９年12月14日

天皇陛下と中国の習近平副主席の「1カ月ルール」を破っての特例会見問題について、鳩山由紀夫首相は２００９年12月14日、首相公邸前で記者団に「間違っていなかった」と明言しました。そのやりとりを報告します。

私の得た情報では、政府は11月の段階で、この会見は「無理だ」と中国側に伝えていたのですが、鳩山政権は中国側が「なんとか是非頼むよ」と強く言ってきたのに動揺し、無理矢理に会見実現を図ったようです。

《**記者**　習近平氏と天皇との会見について、週末に政府内からも批判の声が出ていましたが、それについてはどのように思われますか。

鳩山氏　まぁ、いろんな声がやはりあるとは思いますけれども、あまり、私は杓子定規《しゃくしじょうぎ》に考えるよりも、本当に大事な方であれば、まぁ若干の変更があっても当然、天皇陛下のお体が一番ですけれどもね、その中で許す限りお会いになっていただくと、それは今回の場合、日中関係をさらに未来的に発展させるために大変大きな意味があると思っていますから、私は判断は間違ってなかった。そう思っています》

今朝、2人の外務省筋と電話で話しましたが、1人は「亡国内閣」、もう1人は「民主党は中国の走狗《そうく》」と表現していました。これは私がそう思っているという話ではなく、外務省筋が自分でそう言っていたことです。事態はとてつもなく深刻です。

習副主席訪日を「国民挙げてもっと喜ぶべき」 2009年12月15日

天皇陛下と中国の習近平副主席との特例会見問題について、民主党の小沢一郎幹事長は「国事行為」と「公的行為」を取り違えて記者を批判したうえで、「天皇陛下のお体がすぐれない、体調がすぐれないというならば、それ（会見）よりも優位性の低い行事はお休みになればいいことじゃないですか」と、まるで陛下に対して「こうしろ」と言わんばかりの発言をしていました。

さらに、「天皇陛下ご自身に聞いてみたら『会いましょう』と必ずそうおっしゃると思うよ」と、陛下のお心を勝手に決めつけ代弁するような発言もしています。絵に描いたような傲岸不遜《ごうがんふそん》、増上慢《ぞうじょうまん》ぶりです。

この問題について２００９年12月15日、鳩山由紀夫首相が習副主席について「もっと喜びの中でお迎えをすべき」と述べていましたので、紹介します。

外交関係者によると、鳩山氏について、米政権内では「スペース・イシュー（宇宙問題）」と言えばすぐ「ああ」と通じるそうです。恥ずかしい話ですが、その地球外生物的な思考回路を国民に押しつけないでほしいものです。

《**記者**　習近平副主席の天皇陛下との会見問題についてですが、小沢幹事長が昨日、羽毛田《はけた》（信吾）長官に対して、反対をするならば、辞表を提出してから言えというふうに言ってましたけれども、総理としては羽毛田長官は辞任すべきだとお考えでしょうか。

鳩山氏　そのご質問には、今お答えできませんが、いずれにしても習近平、中国の副主席がね、このようにおいでをいただいて、日本で活動されている最中にこういう状況になったことは大変残念だとは思います。もっと、やはり、国民の皆さん挙げてね、将来のリーダーになられる可能性の高い方ですから、そういった方をもっと喜びの中でお迎えをすべきではないかと、そのように思っています。

記者　残念な状態になったのはどこに問題があったと、進め方のどこに問題があったと。

鳩山氏　それはさまざまでしょ。しかし、あのやはり、私は（１カ月ルールに）何日間か足りなかったからといって、お役所仕事のようにスパッと切るようなことで、外交的な話が良いのかどうかということ。ただ一方で天皇陛下のお体を大事にされなきゃならない、その気持ちも分かります。その中で出た問題だと思っています》

外務省幹部は米政府側に「鳩山首相の言うことをあまり真に受けないでくれ」とも説明しているそうです。

鳩山氏とマキアヴェッリ　2009年12月16日

米軍普天間飛行場は、現在の危険な状態そのままに固定化しそうです。せっかく沖縄県知事も名護市長も移設を容認するという「惑星大直列」（外務官僚）並みの千載一遇の好機が訪れていたのに、宇宙人（とその背後にいる闇将軍）が社民党なんかに引きずられ、元の木阿弥《もくあみ》にしてしまいました。

いや、今回の日本の対応に懲りた米側が、今後は移設協議にまともに応じない可能性もありますから、逆に大きく後退したと言ったほうが正確でしょうか。

鳩山政権は発足丸3カ月となったわけですが、この間、いったい何をしてきたのか。鳩山由紀夫首相ご本人は2009年12月16日朝、記者団に「一生懸命」であることを強調していましたが、そんなことを評価しろと言われても困ってしまいます。
鳩山首相の記者団とのやりとりメモを読みながら、なぜかマキアヴェッリの言葉が思い浮かんで仕方なかったので、やりとりの合間に挿入してみました（『マキアヴェッリ語録』（新潮文庫、塩野七生）。

《君主にとって最大の悪徳は、憎しみを買うことと軽蔑されることである。それゆえに、もしもこの悪徳さえ避けることができれば、（中略）他に悪評が立とうと、なんら怖れる必要はなくなる。（中略）軽蔑は、君主の気が変りやすく、軽薄で、女性的で、小心者で、決断力に欠ける場合に、国民の心中に芽生えてくる》（「君主論」）

記者　総理、おはようございます。今日で、政権発足からちょうど3カ月なんですけれども、総理ご自身この3カ月を振り返って採点されるとしたら何点でしょうか。

《いかなる政体をとろうと、国家の指導者たる者は、必要に迫られてやむをえず行ったことでも、自ら進んで選択した結果であるかのように思わせることが重要である》（「政略論」）

《弱体な共和国にあらわれる最も悪い傾向は、なにごとにつけても優柔不断であるということである。ゆえに、この種の国家の打ち出す政策は、なにかの圧力に屈したあげく、やむをえず為されたものになる。（中略）この「弱さ」が、強大な外圧によって吹きとばされでもしないかぎり、この種の国家は、あいも変わらず優柔不断をつづけていくことになろう》（「政略論」）

鳩山氏　まぁいろいろと努力はしました。政権交代に対する国民の皆さんの思い、そしてやはり変わってほしいという強い思いに対して、ある意味での国民の皆さんの、まだまだ十分じゃないよというお気持ちも感じています。スタートしたばっかりですから、すべてがまだ完璧だとはいえないと思います。

《国家にとって、法律をつくっておきながらその法律を守らないことほど有害なことはない。とくに法律をつくった当の人々がそれを守らない場合は、文句なく最悪だ》（「政略論」）

ただ、一生懸命努力していることだけは認めていただきたいし、ま、普天間のこと、あるいは予算のこと、閣僚の中でね、いろいろと声があって、指導力がどうだという話がありま す。それは分かっていますが、いずれ国民の皆さんもこの答えが最適だったなということが分かる時が来ると、私はそう思っていますから、自分としては一生懸命やっていると、そのように感じています。

《人を率いていくほどの者ならば、常に考慮しておくべきことの一つは、人の恨みは悪行からだけでなく善行からも生れるということである。心からの善意で為されたことが、しばしば結果としては悪を生み、それによって人の恨みを買うことが少なくないからである》（「君主論」）

《ここでは、民衆に関して、次の二つのことに注目してほしいのだ。第一は、民衆というものはしばしば表面上の利益に幻惑されて、自分たちの破滅につながることとさえ、望むものだということである。第二は、そしてもしも、彼らから信頼されている人物が、彼らに事の真相を告げ、道を誤らないよう説得でもしなければ、この民衆の性向は、国家に害を与え、重大な危険をもたらす源となる、ということだ》（「政略論」）

記者　普天間の移設問題についてなんですが、昨日（註／2009年12月15日）まとまった政府の方針について、アメリカの海兵隊のトップは遺憾だというふうに不快感を示しているんですけれども、今後アメリカとの交渉において、理解を示されるとお考えでしょうか。

《指導者ならば誰でも、次のことは心しておかねばならない。それは、個人でも国家でも同じだが、相手を絶望と怒りに駆りたてるほど痛めつけてはならないということだ。徹底的に痛めつけられたと感じた者は、もはや他に道なしという想いで、やみくもな反撃や復讐に出るものだからである》(「政略論」)

鳩山氏　そりゃ海兵隊のほうが、そりゃ満足するというふうには思いません。しかし、日本の政府としては政府の考えがあるわけですから、それでアメリカと交渉して結論を得ていきたいと思っています。私は今の沖縄の現状を考えてみれば、これ以上の結論はないと、そのように思っていますから、ぜひ交渉の中でね、理解を求めていきたい、そう思っています。

《金銭で傭《やと》うことによって成り立つ傭兵《ようへい》制度が、なぜ役立たないか、の問題だが、その理由は、この種の兵士たちを掌握できる基盤が、支払われる給金以外にないというところにある。これでは、彼らの忠誠を期待するには少なすぎる。彼らがその程度のことで、傭い主のために死までいとわないほど働くと期待するほうが、甘いのだ》（「政略論」）

記者　総理、まず2点。今これ以上の結論はないとおっしゃってましたけれども、どういったことを思い描いていらっしゃるのかということと、昨夜、ルースさん（註／ジョン・ルース駐日米国大使）とお話されてですね、息子さんがスタンフォード入りされたというお話以外、どういったことをされたのかなというのをお聞かせいただければ。

《私は断言してもよいが、中立を保つことは、あまり有効な選択ではないと思う。特に、仮想にしろ現実にしろ、敵が存在し、その敵よりも弱体である場合は、効果がないどころか有害だ。中立でいると、勝者にとっては敵になるだけでなく、敗者にとっても、助けてくれなかったということで敵視されるのがオチなのだ》（「手紙」）

鳩山氏　それは2人の間で、皆さま方にお話を申し上げることができないこともあります。ただ、私は岡田（克也）外務大臣同席のもとで、岡田外務大臣がルース大使と何度もね、議論を申し上げながら理解を求めていただいています。で、その方針に沿ってやりますからという思いを私のほうからも、お伝えをしたということです。

《一国の国力を計る方法の一つは、その国と近隣諸国との間に、どのような関係が成り立っているかを見ることである。もしも近隣の諸国が、友好関係を保ちたいがために貢《こう》納《のう》してくるようならば、その国は強国と言えよう。反対に、弱体なはずの近隣諸国であるのに、それらの国々に対し金銭をもって援助する関係である場合、その国家の国力は弱いと思うしかない》（「政略論」）

記者　ルース大使は理解されたんですか。

《弱体な国家は、常に優柔不断である。そして決断に手間どることは、これまた常に有害である。このことについては、わたし自身確信をもって言える。国家活動において、ものごとをあいまいにしておいたことが、フィレンツェ共和国にとっていかに有害であったかは、わたし自身が体験したことであったからだ》（「政略論」）

鳩山氏　私は、私どもの考え方は理解してくださっていると思います。それは満足しているかどうかということは別ですよ。しかし、理解をしてオバマ大統領にもお伝えをするという思いを伝えていただいています。

《自らの安全を自らの力によって守る意志をもたない場合、いかなる国家といえども、独立と平和を期待することはできない》（「君主論」）

やはり普天間移設先に当てはなかった　2010年2月6日

衆院予算委員会のやりとりを聞いていましたが、中でも、やはり白眉《はくび》だと感じたのが、自民党の石破茂政調会長の質問でした。鳩山内閣の閣僚たちが「何を聞かれるか」と緊張している様子まで伝わってきました。

その中で私が注目した鳩山由紀夫首相の答弁がありました。たぶんそうだろう、いやきっとそうに違いないと思ってはいたことですが、それがはっきりしたのです。

《**石破氏**　総理、あなたは昨年（註／2009年）の衆院選挙の時に、米軍普天間飛行場の移設先について「国外、最低でも県外」とおっしゃった。当てがあっておっしゃったか。

鳩山氏　今までのさまざまな経緯を私としてもすべて理解しているわけではなかったが、さまざまな選択肢の中で（名護市の）辺野古に決まったと理解している。その中で、海外、県外、さまざまな議論があったと承知しているので、一切、県外、国外ということに対して理解なく申し上げたわけではない。ただ、県民感情を考えたときに、それが望ましいという思いで述べたことは事実だ》

しどろもどろでよく分かりませんが、要するに、辺野古の代替え案に大したアイデアはなかったということを明らかにしています。

その程度の考えで、沖縄県民の期待をもてあそび、日米同盟にひびを入れたわけです。せっかく、沖縄県知事と名護市長（当時）がともに日米合意の受け容れを表明するという「奇跡に近い」（石破氏）チャンスも逸してしまいました。

また、鳩山氏は新たな移設先について、2010年5月末までに「合衆国政府も『これでよい、分かった』と、地元も納得という形で最終案を政府として決めるということだ」と明言しましたが、これも当てがあって言っているようには聞こえませんでした。

鳩山氏は、答弁の中でやたらと「思い」を繰り返しますが、ひょっとすると実は、自分の「思い」と「現実」の区別がつかない人なのではないかという懸念を、私は覚えています。

こうした鳩山氏のあり方について小沢氏側近の平野貞夫元参院議員は「意識的夢遊者」と表現していました。そういう人間がいてもいいとは思いますが、国のトップとして仰がなければならない国民は不幸だと感じます。

韓国を喜ばせるだけの小沢氏のデタラメ発言　２０１０年3月16日

民主党の小沢一郎幹事長は２００９年12月12日、韓国の国民大学校で「新たな日韓関係と、その役割を担うリーダーの育成」と題する講演を行いました。

小沢氏は、日本の大和王朝は韓民族による征服王朝であるとの認識を明言し、天皇陛下のお言葉をねじ曲げています。日本の政界の最高実力者がこんなことを話せば、韓国側は喜ぶでしょうが、小沢氏の発言はイイカゲンでデタラメなものでした。

天皇陛下の特例会見問題でもそうでしたが、本当に小沢氏は度し難い。政治とカネの問題うんぬん以前に、とにかく危ない。次が講演要旨です。

《ずっとずっと前の話は別といたしまして、それでも２０００年以上、３０００年くらい前にまでさかのぼりますと、日本で東京大学の教授で歴史の専門家でございます江上（波夫）という先生がおられました。この先生は、日本国家の成り立ちについて騎馬民族征服説というのを強く唱えられた方です。

私がちょうど20年ほど前、当時、自民党の幹事長をいたしておりました。今度20年ぶりに自民党ではない民主党の幹事長をさせていただいているわけですが、（江上氏）が20年前に教育関係の陳情に来られました。その時に陳情の話よりも歴史の話になりまして、最初5分か10分のつもりだったのが、私も歴史が好きなもんですから、1時間くらいこの話になりました。

その江上先生の説が、朝鮮半島南部、いわば韓国に現在ではなりますが、この地域の権力者が、たぶん海を渡って九州にたどり着き、九州に拠点を構え、それから海岸沿いに、ずーっと紀伊半島、今、和歌山県とか三重県とかいわれているところでありますが、三重県にまで九州からずっと海伝いに来まして、そして三重県に上陸して今の奈良県に入って、奈良盆地で政権を樹立した。それが日本の神話で語られております神武天皇の東征という、初代の天皇がそうでありますが、江上先生はそういう説をずっと唱えておられます。

そこで、日本の大阪に応神天皇、仁徳天皇という古代の天皇の大きな墓があります。高さではピラミッドに及びませんが、底辺の大きさではそれをしのぐお墓でありますけれど、いまだこれは宮内庁の管轄の下にあって発掘することを許されておりません。

江上先生は当時の幹事長である私に、ぜひ宮内庁に話をしてこれを発掘させてほしいと一生懸命言っておりました。そうすればすべて歴史の謎が解明されると。いずれにしても、そういう著名な日本の歴史文化学者でありますす江上先生という方がそれを唱えておるくらいでして、まあこれは、あまり私が言いますと、国に帰れなくなりますので（会場から笑い、小沢氏もニコニコ)、強くは言いませんけれども、たぶん歴史的な事実であろうかと思っております。ノルマンディー公ウィリアムがイギリスに住み着いた結果、英仏100年戦争が起きました。このノルマンコンクエストと同じだというのが、江上先生の結論であります。

古代史を振り返りますと、当時、新羅《しらぎ》、百済《くだら》という国がありました。その両国とも非常に親密な関係にありますけれども、古代のものの本にも日本の大和朝廷と百済や新羅の皆さんの交流の中で、いわゆる通訳を使ったという記録は全くありません。というのは、結局、言葉そのものも同じであったということであろうと思います。現実に大和朝廷の偉い軍人やら役人やらが、新羅、百済に仕えて大臣になったり、あるいは百済、新羅の皆さんが大和朝廷に仕えて大臣になったりしたことは頻繁に行われておったようです。そんなこともある。

これは日本の天皇陛下もあいさつで言ったことでありますが、京都、奈良の平城京から京都の平安京を造った桓武天皇、西暦794年に平安京、京都の都ができ、その桓武天皇の生母は百済の王女さまであったと天皇陛下自身も認めておられます》

東大東洋文化研究所元所長の江上波夫氏の「騎馬民族征服説」に関しては、確かに一時期高い関心を集めたのは事実です。が、日本の遺跡から発掘される古代の土器・土偶や生活用品などに「馬」にかかわるものが少ないこともあり、かなり早い時期から否定説のほうが強かったという記憶があります。

「新しい歴史教科書をつくる会」の会報『史』2010年3月号で、高森明勅氏がこれらの諸点に明快な反駁を加えていたので、それを紹介します。まず、騎馬民族征服説については、次の通りです。

《そもそも、わが国における乗馬の風習はいつ始まるのか。小林行雄氏の研究によつて、その一般化は五世紀末以降と見られている（『史林』34―3）。江上氏の説では騎馬民族の渡来を四世紀と想定していた。だから、この一点だけで学説として成り立たないことは明らかだ。

さらに、古墳文化の発展に異民族の侵入や征服を予想させる断絶や変質がない。その上、騎馬民族に多く見られる習慣や技術が古代の日本に確認できない。（佐原真氏『騎馬民族は来なかった』）》等々――。

次に、小沢氏のいう「通訳を使ったという記録は全くない」という点はどうでしょうか。これについても高森氏は一刀両断に小沢説を切り捨てています。

《「(日本)書記」に百済についても、新羅についても、「通訳」が存在したことを明示する記録が、まぎれもなく確認できる。

百済については、巻十四の雄略天皇七年「是の歳」条に、百済からわが国に献上された職人たちにまじつて「訳語《おさ》（通訳）」の卯安那《ぼうあんな》という人物がゐたと明記してゐる。

新羅についても、巻二十五の大化五年（六四九）「是の歳」条に、当時わが国に対し従属的立場にあった新羅から上級の役人が人質として送られて来た時、三十七人の従者の中に「訳語」が一人含まれてゐたことが見えてゐる》

最後に、陛下のお言葉の歪曲についてです。こういう歪曲ないし不正確な言葉を、平気で口に出せるところに、小沢氏の皇室観がうかがえるようです。高森氏はこう言っています。《これは陛下ご自身のお言葉を正確に紹介すればそれだけで反論の余地なき百パーセントの否定となるだろう。

「私自身としては、桓武天皇の生母が武寧王の子孫であると、続日本紀に記されていることに、韓国とのゆかりを感じています」(平成十三年十二月十八日)》

高森氏によると、百済の武寧王(462〜523年)の子のはるかな子孫と称したのが、大和国の城下郡大和郷の地名に由来する氏の名を持つ帰化氏族の和《やまと》氏であり、桓武天皇のご生母、高野新笠《たかののにいがさ》はその和氏の出身であることが、「続日本紀」に出てきます。少なくとも、新笠が「百済の王女さま」だとは到底いえません。

米紙が「愚か」と報じた首相の約束　2010年4月17日

言葉が軽いのにもほどがあるはずだ。米軍普天間飛行場の移設問題をめぐる鳩山由紀夫首相のブレ続けた言動は、とうとう米紙ワシントン・ポストに「最大の敗者」「愚か」と報じられるまでに至った。

日本の首相が海外でここまでバカにされるのは残念だが、これまでの経緯を振り返るとそう指摘されても仕方がない。首相のその場しのぎのいい加減な「約束」によって、日本は同盟国である米国の信頼を失っただけでなく、世界から嘲笑の的となっている。

「(2010年5月末までに)合衆国政府も『これでよい、分かった』と、地元も納得という形で最終案を政府として決める」

首相は2010年2月5日の衆院予算委員会で、自民党の石破茂政調会長の質問にこう強調していた。その上で、こんな緊迫したやりとりが続いた。

《石破氏　海兵隊の移転先も日程も日本政府の義務も、きちんと定めたのがグアム協定だ。(移設先変更に伴う)協定改定に同意することまでが5月末でいいのか。

鳩山氏　(日米で)合意してグアム協定は変えられないといったら合意にならない。当

然のことだと思う》

つまり首相は、5月末までに普天間の移設先も国外移設を主張する連立与党の社民党も納得し、さらに世界的な米軍再編計画も妨げない形で決着すると明言しているのだ。

グアム協定は、日米間が正式に取り交わした国際約束（条約）である。その変更は米国を説き伏せ、理解させる相当な力業のはずだが、実際には、首相はオバマ大統領と首脳会談も開けないでいるのが現状だ。

直接まともに話をすることもできない相手を、どうやって説得するというのだろう。また、首相は就任以来、沖縄県に足を運び、県民や地元首長らと対話したことすらない。

その後も首相は、「命がけで、体当たりで行動し、必ず成果を上げる」（2010年3月31日の党首討論）などと言葉だけは勇ましいが、肝心の根拠や裏付けは乏しく重みは感じられない。

「私の質問の意味を全く理解できていないのだろう。鳩山さんが出てきても、もう誰も信用しない。失笑の対象だ」

石破氏はこの時の質疑をこう振り返る。加えて問題なのが、この質疑が2カ月以上がたつ今も、インターネットで誰でも利用できる国会会議録検索システム上にアップされていないことだ。通常は、国会審議後1週間～10日で公表されるにもかかわらずである。

「石破氏の発言に『一部不適切なところがある』として、民主党の衆院予算委理事が議事録公開にストップをかけているためで困っている。国民には知る権利があるのだが……」

国会職員の一人はこう理由を説明する。石破氏自身は「政府・与党にとって非常に都合が悪い内容だからだろう」と語る（註／2012年の時点では国会会議録検索システム上で公開されている）。

首相はこれまでも、「天地神明に誓って」「命を守りたい」などと大仰な言葉や美辞麗句を繰り返してきたが、中身が伴っていないことが内外で見透かされてしまった。閣内からも、半ば公然と首相を軽侮するような発言が後を絶たない。

首相と政権の空虚な内実を、議事録公開にいちいち待ったをかけるような不透明な国会運営でごまかそうとしても、国民の目はもうだまされないのではないか。

明確な「国家解体方針」2010年5月7日

2010年5月7日付の朝日新聞社説は「首相の言葉　公約でないとは恐れ入る」です。朝日は、鳩山氏が米軍普天間飛行場について「最低でも県外」と訴えてきたことを「党の公約ではない」と言い出したことに対し、次のように書いています。

《政治家にとって言葉は命、という。ましてや、一国の指導者となればなおさらだ。鳩山由紀夫首相はその重みをわかっていない》

《有権者からすれば、民主党代表であり、首相候補者である鳩山氏の公の発言は、公約以外の何ものでもない》

《実行力の伴わない言葉の軽さも困りものだが、それが思慮の浅さに起因しているのではないかと疑われる点が、より深刻である》

2009年の衆院選の民主党マニフェスト（政権公約）には「米軍再編や在日米軍基地のあり方についても見直しの方向で臨む」と書いてあるだけです。その意味では、鳩山氏の言い分は必ずしも「嘘」ではありません。

ただ、鳩山氏はマニフェスト発表の前も後も、自身の「国外・県外」へのこだわりを発信し続けていました。例えば、２００９年5月26日の記者会見では、次のようなやりとりもありました。鳩山氏の「思い」の中では、県外移設は公約同様だったのだろうと思います。

《**記者**　鳩山氏は、普天間飛行場の県外移設などが盛り込まれた民主党の「沖縄ビジョン」について維持すべきだと述べたが、（県外移設は）次期衆院選のマニフェストにも盛り込まれるのか。

鳩山氏　まず、沖縄ビジョンをマニフェストに入れるかどうかということに関しては当然、今、直嶋（正行）政調会長を中心にマニフェストづくりを行っていただいているわけであります。私の感覚とすれば当然、この中での普天間の移設問題、望むは国外であるというところに関しては書き入れるのではないかと思っておりますが、まだ、この段階において、直嶋政調会長が中心となって今、努力をしていただいている最中というところで、最後のところまでは至っていないと思っております》

この時に書いた記事では、鳩山氏が２００９年5月16日の代表就任記者会見でも「その（国外・県外移設の）考えを変えるつもりはない」と明言したことも触れています。鳩山氏は２０１０年5月6日夜に、普天間問題の5月末までの決着期限に関し「それを変えるつもりはない」と語りましたが、もはや信憑性も何もありません。

5月7日付の産経新聞の「正論」欄では、国際日本文化研究センターの猪木武徳所長が、次のように指摘しているのが目につきました。私も同様の歯がゆさと「ｌｏｏｐｙの壁」をずっと感じ続けてきたので共感を覚えました。

《無念なのは、首相自身が、そうした対応の何処《どこ》に問題があるのかを自覚していないことである。自分は謙虚で誠意に溢《あふ》れた人間だと思い込んではいないか。この思い込みは、「嘘」よりも始末が悪い。それはちょうど、「自分は正しい」と思い込んでいる頑固者のほうが、偽善者よりもはるかに困った存在であることに似ている。偽善者は、少なくとも、善が何かを知っており、あたかも善意の人の如く振舞うことができるからだ》

８カ月に満たない月日の中で壊した、日本にとって大事なものは本当に多い。国のトップリーダーが自ら、「知らなかった」と言いさえすれば、巨額の脱税も、日米同盟軽視によって東アジアの緊張を増大させたことも許されると本気で信じ、そう振る舞っていると。まさに、鳩山氏自身が２０１０年４月７日、国家公務員合同初任研修で訓示したように、「首相が大バカ者である国がもつわけがない」です。国は崩壊に向かいます。

鳩山氏の施政方針演説など重要演説の草案執筆者とされる劇作家の平田オリザ内閣官房参与と、松井孝治官房副長官が、２０１０年２月14日の「友愛公共フォーラム発足記念シンポジウム」で語った内容が改めて目についたので紹介します。

《**平田氏**　鳩山さんとも話をしているのは、（略）やはり21世紀っていうのは、近代国家をどういう風に解体していくかという100年になる。（略）しかし、政治家は国家を扱っているわけですから、国家を解体するなんてことは、公にはなかなか言えないわけで、（それを）選挙に負けない範囲で、どういう風に表現していくのかっていうこと（で）、表現の部分で多少力になれるのかなというのが僕の立場。

松井氏　要はいま、平田さんがおっしゃったように、主権国家が、国際社会とか、地域の政府連合に、自分たちの権限を委託するっていう姿。流れとしてはそういう形になっているし、そうしないと、解決できない問題が広がっている》

この発想に、鳩山氏の目指す外国人参政権付与や東アジア共同体構想、福島瑞穂氏や千葉景子氏の進める夫婦別姓、戸籍廃止などを加えると、やはり目指すは本当に主権国家たる「日本解体」なんだなと素直に納得できます。そして、そこには見事なまでに安全保障の視点が欠けていると。鳩山氏はいつも「命を守りたい」と主張するわけですが、実は「命というものが何だかよく分からない」人なのかもしれません。

背筋が寒くなる外患誘致　2010年5月28日

鳩山由紀夫首相は2010年5月27日、米軍普天間飛行場の訓練移転への協力を呼びかけた全国知事会議の場で、「日本固有の領土で、歴史上、国際法上ともに疑いがない」（政府答弁）沖縄・尖閣諸島について、次のように述べました。

《施政権は当然日本が有しているということでありますだけに、もし日本と中国との間で例えば衝突があった時には、米国は日本に対して安全保障条約の立場の中から行動するということである。しかしながら、（米国は）帰属問題に関して言えば、これは日本と中国の当事者同士でしっかりと議論して結論を見出してもらいたいということであると私は理解しております。尖閣列島に対しては、有事ということで衝突が起きた時には、安全保障条約が適用されるという理解をしておりますが、米国にも確かめる必要があると思います》

私はこれを聞いて、いつものことながら鳩山氏に対して、心底、あきれました。かつ、背筋が寒くなる思いもしました。日本が尖閣諸島を実効支配していて、施政権を持っているという当たり前のことは一応、鳩山氏も分かっているようですが、その後がいただけません。

ある外交関係者は、この鳩山発言について、「えっ、そんなこと言ったの……」と絶句して固まっていましたが、尖閣諸島の帰属問題に関する鳩山氏の発言は、不用意どころか明らかに外患誘致に当たると考えます。

まず、尖閣諸島の帰属に関しては、日本政府の従来の公式見解は「解決すべき領有権の問題はそもそも存在しない」というものです。それなのに、首相の言葉はまるで、領土問題の存在を認めたうえで、これから中国と話し合いのテーブルにつく用意があると言っているかのようにも聞こえます。

たとえ、首相の意図がそこになくても、尖閣諸島の領有権を主張する中国側に付け入る隙を見せたのは間違いありません。

次に、米国へも誤ったメッセージを与えかねない懸念があります。外交関係者はこの発言について「米国に対し、そんな『中立でいい』というようなことを言ってしまったのか……」と驚愕していましたが、これは安保条約の効力を自ら薄めると同時に、米国が何らかの事情で安保条約適用をサボタージュしたくなった際の言い訳に利用されかねません。

さらに、現状認識、事実認識にも大きな疑問がわきます。鳩山氏は、「安保が適用されるかどうか米国に確かめる必要がある」と述べました。でもこれは、日本の立場として力強く「適用される」と明言すべき場面でした。

しかも、麻生政権の時に民主党の前原誠司氏らがさんざん、オバマ政権に確かめろと要求して、実際に麻生政権が米側に照会し、返事をもらっている話でもあります。2009年3月、米国は「尖閣諸島は日本の施政下にある。日米安保条約第5条は日本の施政下にある領域に適用される」と公式に回答しているのです。そしてそれは、麻生太郎首相の国会答弁、河村建夫官房長官の記者会見などで繰り返し表明されました。

かつては民主党の小沢一郎幹事長が「壊し屋」と呼ばれていましたが、今では鳩山氏が日本そのものを壊しています。

第二章

尖閣事件をつくった赤い官房長官と総理

6月4日　鳩山首相の退陣を受け、菅直人副総理が民主党代表選に勝利。首班指名選挙で、第94代内閣総理大臣に指名される（8日に就任）。

6月17日　伊藤忠商事取締役の丹羽宇一郎氏、駐中国大使に就任。岡田外相は**「政権交代の象徴」**と評価。

8月10日　菅首相、日韓併合100年にあたり、**「痛切な反省と心からのおわび」**を表明した「首相談話」を発表。「朝鮮王朝儀軌」など日本所蔵の古文書1205冊の引き渡しも表明。

8月19日　韓国の国会議員、慰安婦の補償請求権問題に関する協議開始や在日韓国人への地方参政権付与を求める要望書を民主党の土肥隆一衆院議員に手渡した。

9月3日　小沢一郎元代表、**「海兵隊の実戦部隊はいらない」**。

9月7日　尖閣諸島付近で違法操業の中国漁船が海上保安庁の巡視船に衝突。海保は船長を公務執行妨害で逮捕。中国は4回にわたり、丹羽大使を深夜に呼び出して抗議、船長・船員の即時釈放を要求。

9月17日　第1次菅改造内閣で、岡崎トミ子氏が国家公安委員長に就任。

9月19日　鳩山元首相、ニューヨークで**「私の首相時代に（日中関係は）非常に良くなってきたが、突如また崩れていくのは非常に忍びない」**。

9月24日　尖閣の漁船衝突事件で、那覇地検が船長を処分保留で釈放し、25日に中国に送還。仙谷由人官房長官は、**「検察独自の判断だ。それを了とする」**。菅首相は、中国政府のフジタ社員拘束について、**「なんか、そういうことがあるという知らせは、受けている」**。

9月29日　ロシアのメドベージェフ大統領、北方領土・国後島に「必ず行く」と明言。前原誠司外相がロシア駐日大使に警告するも、菅首相は**「大統領が北方四島を具体的に訪問するとは受け止めていない」**。

10月4日　仙谷官房長官、会見で**「日本も、後発帝国主義として参加して、（中国に）戦略および侵略的行為によって迷惑をかけていることも、被害をもたらしていることも間違いない」**。

10月18日　自民党の丸山和也参院議員、参院決算委員会で、仙谷官房長官が**「（日本の中国への）属国化は今に始まったことではない」**と電話で話したと主張。仙谷氏は否定。

10月22日　岡崎国家公安委員長、衆院法務委員会で、反日デモ参加について、**「私は国益にかなうという思いを持っている」**。

10月28日 クリントン米国務長官、前原外相に「尖閣諸島は日米安保条約の範囲。日本国民を守る義務を重視している」。

10月29日 岡崎国家公安委員長、参院内閣委員会で、元外国人慰安婦について「**名誉や尊厳を回復する措置をしっかりとしていきたい。(金銭支給も)含むものとして検討していかなければならないと思う**」。

11月1日 尖閣の漁船衝突事件の映像(6分)を、衆参予算委員会で一部議員に限定公開。メドベージェフ大統領、国後島を訪問。日本は駐露大使を一時帰国。

11月4日 尖閣の漁船衝突事件で、44分間の映像が、「sengoku38」によってYouTube上にアップされる。

11月10日 海上保安官・一色正春氏が「sengoku38」と名乗り出て、任意聴取に応じる。「**治安に関与する職員が情報を故意に流出させたとなれば、大阪地検特捜部の(押収資料改竄・犯人隠避)事件に匹敵する由々しい事案**」と仙谷官房長官。2011年1月に起訴猶予処分。

11月13日 菅首相、横浜で開催中のAPECで、メドベージェフ大統領と会談。国後訪問に抗議するも、「**北方領土問題を解決し、最終的に平和条約を締結したい。今後も議論をし、解決を含め協力関係を発展させたい**」。大統領は、ツイッターで「日本の首相に会った。解決できない論争より経済協力の方が有益だと彼に伝えた」とつぶやく。

11月18日 仙谷官房長官、参院予算委員会で「**暴力装置でもある自衛隊**」。

11月26日 尖閣事件の処理などをめぐり、参議院で仙谷官房長官と馬淵澄夫国交相に対する問責決議が可決される。

12月18日 丹羽中国大使、外務省に「**対中ODAを打ち切ると、中国側の批判を受ける**」と具申していたことが判明。

2011年

1月11日 鳩山元首相、民団の新年会で、「**皆さま方の悲願である(外国人)地方参政権の付与に関して、大きな道を開く年にしていこうではないか**」。

1月21日 那覇地検、中国人船長を不起訴処分。

2月13日 鳩山元首相、琉球新報、沖縄タイムスの取材に、米軍普天間飛行場の県外移設を断念した理由に海兵隊の抑止力を挙げたことについて「**徳之島もダメで辺野古となったとき、理屈付けをしなければならなかった。抑止力は方便といわれれば方便だが、広い意味で使えると思った**」と発言。

史上まれに見る陰湿な左翼政権　２０１０年８月１日

史上まれに見る陰湿な左翼政権――。菅政権発足時、安倍晋三元首相がこう警鐘を鳴らすと、与党議員や識者の一部は「今どき右も左もないだろう」と冷笑した。だが、政権のあり方、特に内閣の要である仙谷由人官房長官の言動を注意深く追うと、安倍氏の指摘が正鵠《せいこく》を射ていたことが分かる。

仙谷氏は２０１０（平成22）年７月７日、日本外国特派員協会での講演や記者会見で突如、韓国への戦後補償は不十分だとして、新たな個人補償を検討する考えを表明した。

この発言自体、日韓両国間の個人補償請求問題を「完全かつ最終的に」解決した１９６５年の日韓基本条約とそれに伴う協定を無視した暴論だ。条約・協定締結のために長年苦労を重ねた先人たちへの侮辱でもある。

だが、それ以上に耳を疑ったのは、その際に仙谷氏がフィリピンや韓国の慰安婦補償請求訴訟などに深くかかわってきた高木健一弁護士の名前を自分から口にし、「友人」と紹介したことだ。

高木氏は、７月16日配信の韓国の聯合ニュースにも登場している。次のような記事だ。

《太平洋戦争犠牲者遺族会と対日民間請求権訴訟団は16日午後、ソウル市鍾路区の駐韓日本大使館の前で記者会見を行い、「日本政府を相手に明成皇后殺害事件の真相究明と天皇謝罪を要求する訴訟を起こす計画」を明らかにした。（中略）遺族会はこのために高木健一弁護士を選任した》

仙谷氏には高木氏らとの共著『香港軍票と戦後補償』（明石書店）もある。確信犯なのだろう。

１９９６年、インドネシアでかつて日本軍政時代に補助兵として採用された「兵補」の民間組織「元兵補中央協議会」が、補償要求のため元慰安婦の登録作業を始めたことがあった。

兵補と慰安婦は直接関係ないが、協議会は、実際には慰安所で働いていない女性でも「何らかの性的被害にあった」と申告した場合は慰安婦に数え、約２万人の登録者を集めた。軍政時代、インドネシアにいた日本人は民間人も含め、多い時でも約４万５０００人だったとされる。

「東京の高木弁護士の指示を受けて始めた。『早く進めろ』と催促も受けた」

協議会のタスリップ・ラハルジョ会長は当時、ジャカルタ郊外の事務所で私の取材にこう証言した。協議会は、慰安婦登録者を対象に、慰安婦になった理由などに関するアンケートを実施していたが、これも「高木弁護士の文案で作成された」（ラハルジョ氏）ものだった。

仙谷氏は戦後補償に関連し、日本政府によるロシアのサハリン残留韓国人の帰還事業にも言及している。これに関しても、私は1999年に現地で高木弁護士の名前を耳にした。サハリン高麗人協会のパク・ケーレン会長はこう語った。

「東京で大きな弁護士事務所を開いている高木弁護士が、もっと日本から賠償を取れるから要求しなさいと教えてくれた」

仙谷氏の友人は、世界をまたにかけ、火のないところに火をつけて回っているようだ。

仙谷氏は2010年7月16日の記者会見では、8月29日に迎える日韓併合100年にあたって、菅直人首相の「談話」発表を検討していることを明らかにした。明確な内容や方向性は示さなかったが、韓国では日本による新たな賠償や謝罪の表明への期待が強まっている。

これではまさに、補償と謝罪のたたき売りではないか。外務省筋はこう警戒する。

「政治家は談話で自分の名前を歴史に残したがるが、その危険性をよく分かっていない。韓国への下手な謝罪は中国や周辺国も刺激し、問題は飛び火する」

参院選で参院の過半数議席を失い、法案はまともに通せなくなっても、首相談話や官房長官談話なら簡単だと安易に考えているとしたらとんでもない話だ。

日本による植民地支配と侵略を謝罪した1995年8月の「村山談話」は、当時の村山富市首相の個人的・社会党的思想・信条を国民に押しつけ、今も日本外交の手足を縛り続けている。

1993年8月には、当時の河野洋平官房長官が韓国政府の強い要請もあり、慰安婦問題の沈静化を図るため、資料的な裏付けが一切ないまま慰安婦募集時の強制性を認めた「河野談話」を発表した。

これがかえって海外で「日本政府が公式に強制連行を認めた」と誤解され、「性奴隷の国、日本」という不名誉なイメージを広め、既成事実化してしまった。

菅政権が「陰湿な左翼政権」ではないというならば、将来に禍根を残す売名的な談話など決して出すべきでない。

「菅談話」から始まった　２０１０年８月

菅直人首相は２０１０年8月10日、日韓併合１００年にあたり、韓国に「痛切な反省と心からのお詫び」を表明した「首相談話」を発表しました。民主党内外からの「新たな戦後個別補償につながりかねない」という懸念と批判を押し切ってのことです。

ここに全文を引いておきます。

《本年は、日韓関係にとって大きな節目の年です。ちょうど百年前の八月、日韓併合条約が締結され、以後三十六年に及ぶ植民地支配が始まりました。三・一独立運動などの激しい抵抗にも示されたとおり、政治的・軍事的背景の下、当時の韓国の人々は、その意に反して行われた植民地支配によって、国と文化を奪われ、民族の誇りを深く傷付けられました。

私は、歴史に対して誠実に向き合いたいと思います。歴史の事実を直視する勇気とそれを受け止める謙虚さを持ち、自らの過ちを省みることに率直でありたいと思います。痛みを与えた側は忘れやすく、与えられた側はそれを容易に忘れることは出来ないものです。この植民地支配がもたらした多大の損害と苦痛に対し、ここに改めて痛切な反省と心からのお詫びの気持ちを表明いたします。

このような認識の下、これからの百年を見据え、未来志向の日韓関係を構築していきます。また、これまで行ってきたいわゆる在サハリン韓国人支援、朝鮮半島出身者の遺骨返還支援といった人道的な協力を今後とも誠実に実施していきます。さらに、日本が統治していた期間に朝鮮総督府を経由してもたらされ、日本政府が保管している朝鮮王朝儀軌《ぎき》等の朝鮮半島由来の貴重な図書について、韓国の人々の期待に応えて近くこれらをお渡ししたいと思います。

日本と韓国は、二千年来の活発な文化の交流や人の往来を通じ、世界に誇る素晴らしい文化と伝統を深く共有しています。さらに、今日の両国の交流は極めて重層的かつ広範多岐にわたり、両国の国民が互いに抱く親近感と友情はかつてないほど強くなっております。また、両国の経済関係や人的交流の規模は国交正常化以来飛躍的に拡大し、互いに切磋琢磨しながら、その結び付きは極めて強固なものとなっています。

日韓両国は、今この二十一世紀において、民主主義や自由、市場経済といった価値を共有する最も重要で緊密な隣国同士となっています。それは、二国間関係にとどまらず、将来の東アジア共同体の構築をも念頭に置いたこの地域の平和と安定、世界経済の成長と発展、そして、核軍縮や気候変動、貧困や平和構築といった地球規模の課題まで、幅広く地域と世界の平和と繁栄のために協力してリーダーシップを発揮するパートナーの関係です。

私は、この大きな歴史の節目に、日韓両国の絆がより深く、より固いものとなることを強く希求するとともに、両国間の未来をひらくために不断の努力を惜しまない決意を表明いたします》

仙谷由人官房長官が主導したこの談話には、旧自民党政権との違いを明確にするとともに、日韓間の歴史問題に一つの区切りをつける狙いがあったとされています。

談話発表後の新聞各紙の社説は、「『自虐』談話は歴史歪める」と書いた産経新聞を除き、おおむね好意的に取り上げており、政府高官も「予想したより反発は少なかった」と胸をなでおろしています。

しかし、事態ははたして菅首相らが思うような日韓の和解と連携強化の方向に進むでしょうか。韓国政府の強い要請を受け、慰安婦問題の沈静化を図るために出された1993年8月の「河野官房長官談話」は、事態を収束させるどころか、逆の効果を生みました。

資料的な裏付けの全くないまま慰安婦募集時の強制性をあいまいな表現で認めた結果、海外で「日本政府が公式に強制連行を認めた」との誤解が広まったのです。「性奴隷の国、日本」という、取り返しのつかない不名誉なイメージすら定着してしまいました。

国際関係では、「善意」が必ずしもよい結果に結びつくとは限りません。歴史問題をめぐっては特にそうで、今回も韓国の外交筋から「日本政府はなぜ寝た子を起こすようなことをするのか」との疑問が出ていました。

こんな常識とも言える当然のことが、外国に関心がなく、「外交音痴」を自認する菅首相にはどうしても理解できない。

そして、それをいいことに、菅首相から外交を丸投げされた「確信犯」の仙谷氏が、わが国の歴史をオモチャにし、自らの偏ったイデオロギーを政府見解としたのでしょう。

外交・安全保障に関心も自信もない　2010年8月21日

菅直人首相は、ある外交官に言わせると、「外交・安全保障問題に関心も自信もない」とのことです。だから、その手の案件は基本的に仙谷由人官房長官に丸投げしており、仙谷氏が仕切っているというのが実情のようです。確かに、日韓間、そして周辺諸国との間の新たな波乱材料となりそうな菅首相談話にしても、首相自身のリーダーシップや思い入れで進めたというよりも、仙谷氏や鳩山由紀夫前首相の主導で進められたのが明白です。

そこで、菅首相の安保認識の一端を示すであろう事例を紹介したいと思います。2010年8月2日の衆院予算委員会で、菅首相と自民党の石破茂政調会長との間で、次のような質疑がありました。

石破氏　どうやって国益を確保するか。軍事による国益の確保。これが有効に機能するためには、一つは最高指揮官たる総理大臣が安全保障について正確な知識を持つこと。もう一つは専門家である制服組の意見を虚心坦懐《きょしんたんかい》に聞くことです。これが無ければ有効な文民統制は機能しえない。

普天間問題を尋ねるが、何でこんなに迷走したのか。鳩山前総理が、統合幕僚長、航空幕僚長それぞれすぐれた見識を持った自衛官から何度、直接話を聞いたのか。現在の状況について、なぜ沖縄に海兵隊が必要かについて何度、意見を聴取したか。総理の日誌を見る限り無かった。菅さんが就任以来相当な日がたっている。防衛大臣を通じてではなくて、自衛隊の最高指揮官として今まで何回制服組から意見を聞いたか。

菅氏　普天間の問題については、政権のこういう総理という立場になった時に、最も今取り組まなければならない最重要課題の最上位に近い一つという認識を持ちました。そこで、まずはそれまでの経緯を直接にも聞こうということで、もちろん防衛大臣、外務大臣はもとよりですが、その元のいわゆる防衛省、外務省のスタッフから何度か話を聞き、また官房の方からもいろいろな形でみなさんとの状況把握に努めました。また、沖縄の関係者についてもまだまだごく限られた中ではありますが話を聞きました。

自衛隊幹部との会話は、いろいろな防衛大綱の問題とかそういう会議の席では同席はしているが、個別の沖縄のことについて、話を聞くという機会はまだ設けておりません。順番にそういう話をする中で、今の石破議員の話もありますので、機会をみつけて話を聞きたいと思っています。

石破氏　一度も聞いていないのはよく分かりました。総理、自衛隊の最高指揮官として直接意見を聞く機会はもっと設けるべきです。きちんとそれを聞いていれば普天間問題はこんなに迷走したはずがありません。彼らは命をかけて平和と安全を守っている。日米同盟は日米だけのものではありません。極東の平和と安定、それを目的とされている。命をかけて日米同盟を遂行している米軍の能力がどうであり、あるいは他の能力がどうであり、そのことを命をかけて一番知っているのは自衛官じゃないですか。この国において（首相と制服自衛官との会話が）行われないのは極めておかしい。直接聞く機会を設けるのは是非お願いしたい。もう一度。

菅氏　そういう機会はできるだけ早い段階で設けたいと思います》

参院選敗北後はひたすら低姿勢となり、予算委でも怖い先生（石破氏）から指導を受けているように神妙な面持ちだった菅首相はそれから17日後、実際に統合・陸海空4幕僚長と首相官邸で初めて意見交換の場を持ちました。

この時の菅首相の言葉には誰もが絶句していました。まずは、意見交換会の冒頭あいさつ前に、菅首相と北沢俊美防衛相が交わした脳天気でピント外れな会話を聞いて、周囲に動揺が走りました。この国は大丈夫だろうかと……。

《**菅氏**　大臣だけが背広組で、寂しそうですね。

北沢氏　夏休みとらせてもらって、今日復帰したんです。

菅氏　そういう意味ではなくて、制服を着ている……。

北沢氏　お互い元帥だけど、制服作ってくれない。

菅氏　昨日、事前にですね、予習をしましたらね、あの、大臣は自衛官じゃないんだそうです。制服はなくても上なんですよね。

北沢氏　この皆さん（各幕長等）も退任する時は（制服を）返していく。それで後の人が着るかと思えば、そうじゃない、廃棄するから。人生の一番の記念品だからなあ。あげりゃあいいと思うんだけど。

菅氏　大臣いいんですか？（挨拶をする順）まず大臣が。

北沢氏　いえいえ総理からじゃないですか？》

菅首相はシビリアン・コントロールの「シ」の字も分かっていませんが、背筋が寒くなるような「怪談」話はまだ続きました。あいさつに立った菅氏は、今度はこんなことを述べました。マキアヴェッリは、君主が最優先で考えなければいけない問題は「軍事」だという趣旨のことを書いていますが……。

《**菅氏**　本日は自衛隊、特にいわゆる制服組の幹部の皆さんにこうして、来ていただいてありがとうございます。まず日頃からアデン湾の海賊対策とかハイチの緊急援助とか、さらには宮崎県の口蹄疫などにおいても陸海空それぞれが大変頑張っていただいていることを私からも感謝を申し上げます。

まあ日頃から、大臣や制服ではない背広組の皆さんとの会話は多少あるんですが、制服組の皆さんとは、観艦式とか、いろいろなセレモニーではご一緒するんですが、なかなかあの、お話をお聞きする、あるいは意見交換をするという機会が少ないということもありまして、私もそういう指摘も国会の中で聞かれたもんですから、是非直接のご意見を聞かせてもらいたいということで今日はお集まりいただきました。

いずれにしても、わが国の国民の平和のために働いてくれる自衛隊の役目は、ますます大きな役目を果たしていかなければいけないということで、私も改めて法律を調べてみましたら、総理大臣は内閣を代表して自衛隊の最高の指揮監督権を有するというふうにされております。そういう自覚を持って、皆さん方のご意見もしっかりと拝聴しながら今後のそういう仕組みを果たす役目を担っていきたいと考えておりますので、今日は忌憚のない話しを聞かせていただきたいと、そのことをお願いして挨拶とします。よろしくお願いします》

これについて、意見交換会の発端となった石破氏は8月20日のブログで、こう書いていました。

《菅総理が四幕僚長と初めての会合を持ち、新聞によれば「石破の提言を受け入れ、野党に一定の配慮を見せた」ことになっています。

こんな会合は実にあたりまえのことで、野党に一定の配慮とかそういう性質の問題ではありません。定期的に開くべきですし、総理は常に制服組の意見を真摯《しんし》に聞くマインドを持つべきです。

そもそも防衛局長、事務次官、大臣の了承がなければ制服トップが総理に会うこともできないこと自体がおかしい。それでは伝達が遅くなるし、生の情報が伝わりません。「軍の暴走」が不安なのであれば彼らも同席し、見解が異なるのであればそれを述べればいいだけの話です。

それにしても、総理が「昨日勉強してみて、防衛大臣は自衛官ではないこと、内閣総理大臣は自衛隊の最高指揮官であることが法で定められていることを知った」と発言したというのは、会合後折木統合幕僚長がコメントしていたように「単なる冗談」であったと信じたいものです。もしそうでないとしたら！！！…　絶句するしかありません。

それでもきちんと会っただけ、鳩山前総理よりは遥かにマシで、誠実だと評価します》

確かに私も、菅首相就任時、「現実主義者」を自認しているぐらいだから、現実と変に遊離した「ルーピー」と呼ばれた人物よりはマシだろうと予想していたのですが、最近は同僚たちから「どっちもどっちなのでは」という声をよく聞きます。

尖閣事件　歪んだ「政治主導」　2010年9月25日

それは、実に奇妙な光景だった。2010年9月7日に起きた中国漁船の海保巡視船への衝突事件。那覇地検の鈴木亨次席検事は9月24日の記者会見で、中国人船長の釈放理由にわざわざ「日中関係への考慮」を挙げた。

政府のトップである菅直人首相と外交責任者の前原誠司外相の2人が米ニューヨークでの国連総会出席のため不在中に、地検が外交的配慮に基づく判断を下したというのだ。

「地検独自の判断だ。それを了とする」

仙谷由人官房長官は24日午後の記者会見でこう繰り返した。柳田稔法相も「指揮権を行使した事実はない」と強調した。だが、誰が言葉通りに受け取るだろうか。

政府関係者によると、仙谷氏は24日午前の閣議後、釈放を一部の閣僚ににおわせていた。地検の発表前に仙谷氏は柳田氏と官邸で会談している。

「僕ら（前原氏を除く）政務三役5人は釈放決定を知らなかった。何でこのタイミングなのかと話し合ったぐらいだ」

外務省政務三役の1人ですら事前には全く知らされていなかったと強調する。

政府筋は9月29日の勾留《こうりゅう》期限を待たず24日に処分保留の決定が下った背景として、23日午前（日本時間同日夜）ニューヨークで行われた日米外相会談を挙げる。

同筋によると、クリントン国務長官は尖閣諸島について「日米安保条約が明らかに適用される」と述べる一方で、尖閣諸島沖で起きた中国漁船衝突事件の早期解決を望む意向を伝えた。

中国側とのハイレベル協議を模索するなど事態打開を探っていた仙谷氏は、前原氏から連絡を受けた「米側の要請」（政府筋）をもっけの幸いとばかりに利用し、船長釈放の口実にした可能性があるというのだ。外務省幹部は「官邸の判断だろう。こういうことは政治判断だ」と吐き捨てた。

「首相と外相を批判の矢面に立たせないために、2人の不在時に仙谷さんが泥をかぶったのだろう」

民主党関係者はこう観測を述べる。だが、ことは泥をかぶるで済む問題ではない。これまで弁護士出身の仙谷氏は「司法、捜査と政治との関係について中国に理解を求めたい」と、司法権の独立に言及してきた。首相や外相が不在のなかで進んだ「仙谷氏主導」（政府筋）の釈放劇は、歪《ゆが》んだ政治主導といってもいい。

「日本は法治国家だ。そのことを簡単にゆるがせにできない。（日本が）超法規的措置をとれるのではないか、ということが前提にあるから（中国側は）よりエスカレートしていく」

玄葉光一郎国家戦略担当相も24日午前の記者会見で胸を張った。だが、那覇地検の釈放方針発表後に官邸を出る際、玄葉氏は記者団に無言を通した。

閣僚経験者は「地検が日中関係にわざわざ言及したのは、精いっぱいの抵抗ではないか」と解説してみせたが、中国が強く出るとひざを屈する弱い日本というイメージは世界に広まることになる。

仙谷氏らは船長の釈放で事態の沈静化を期待しているのだろうが、資源エネルギー庁幹部は24日の自民党外交部会で、東シナ海の天然ガス田「白樺」（中国名・春暁《しゅんぎょう》）で、中国が掘削作業を開始した可能性が高いとの認識を明らかにした。

今回の事件は、中国の東シナ海での活動をますます活発化させるきっかけとなったかもしれない。

仙谷氏らの独走

「那覇地検の決定は、3、4時間後には（米ニューヨーク滞在中の）菅首相の耳に入るだろう」

仙谷氏は24日午後の記者会見で、いったんはこう述べ、船長釈放決定は首相の耳には届いていないとの認識を示した。

そしてその後、秘書官が差し入れたメモを見て「首相にはすぐに連絡が届いているということだ」と訂正した。まるで、首相の意思・判断には重きを置いていないかのようだった。

船長釈放の一報が伝わる約5時間前。23日午後9時（日本時間24日午前10時）ごろ、首相は同行記者団との懇談で笑みを浮かべてみせた。

「今いろんな人がいろんな努力をしているんだから」

日中関係の改善策を問われた際の答えがこれだ。

民主党政権には中国の圧力に屈してルールを曲げた〝前科〟がある。

2009年12月の習近平国家副主席の来日時に「1カ月ルール」を破って天皇陛下との「特例会見」を実現させたことだ。

「あのときは官邸がぐらついたが今回は仙谷氏をはじめ、きっちりやった。中国も驚いて交渉レベルを楊潔篪《ようけつち》外相から戴秉国《たいへいこく》国務委員に上げて圧力をかけたが政府は踏みとどまっている」

9月8日の船長逮捕の数日後、外務省関係者はこう語っていた。だが、その評価は裏切られた。

24日昼、自民党本部での党外交部会。海上保安庁の檜垣幸策刑事課長は中国漁船と海保の巡視船が衝突した瞬間を収めたビデオテープをなぜ公開しないのか、という高村正彦元外相の質問に対して苦しい釈明に追われた。

《高村氏　ビデオを見たら、（中国漁船側が）ぶつかってきたことが一見して分かるのか。

檜垣氏　一見して分かります》

ならばなぜ、貴重な証拠を国際社会にアピールしようとしなかったのか。白黒はっきりつけるのを嫌う事なかれ主義が垣間見える。

政府内でも公開すべきだとの意見はあったが、仙谷氏は「刑事事件捜査は密行性をもって旨とするというのは、刑事訴訟法のいろはの『い』だ」（21日の記者会見）と後ろ向きだった。

刑事訴訟法47条は「公益上の必要が認められる場合」は証拠書類の公開を認めている。政府は、自国に有利なはずのビデオ公開を「公益」にかなわないと判断したことになる。

政府筋は、今回の釈放決定について「電光石火の早業」と評するが、いかに仙谷氏とごく少数の人間にしか知らされていなかったかが分かる。

「那覇地検（の鈴木亨次席検事）は『今後の日中関係を考慮して』と言ったがこんなことを検事が言っていいのか。あらゆる泥をかぶるというなら、首相臨時代理である仙谷氏が（自分の責任で）言えばいい」

自民党の石破茂政調会長は24日夕、記者団にこう指摘し、10月1日召集の臨時国会で追及する考えを示した。

日本の国際的地位低下を招いた仙谷氏らの独走は、国内でも新たに発足した菅内閣の基盤を揺るがす火種となりそうだ。

沖縄・尖閣諸島沖での漁船衝突事件で、政府は中国の圧力に屈し、節を曲げた。日本は自ら中国より格下の国であることを内外に示し、失われた国益は計り知れない。

尖閣事件　戦略なく思考停止　2010年9月26日

沖縄・尖閣諸島沖での漁船衝突事件で、「白旗」を掲げて中国人船長を釈放した日本に、中国はどう応えたか。和解の握手を交わすどころか、くみしやすしとみて、図に乗ってきた。

中国外務省が日本に「強烈な抗議」として、謝罪と賠償を要求したのは2010年9月25日未明。緊張に耐えられず、すぐ「落とし所」を探す日本と違い、中国は弱い相手には、より強く出た。

日本政府の対応は鈍かった。「尖閣諸島がわが国固有の領土であることは、歴史的にも疑いない。領有権問題は存在しない。謝罪や賠償といった中国側の要求は何ら根拠がなく、全く受け入れられない」

ようやく一片の外務報道官談話が出たのは、半日過ぎた25日午後。しかも訪米中の前原誠司外相は24日（日本時間25日）、ニューヨークでこれを聞かれると「コメントは差し控えたい」と言及を避けた。

「政治主導」を掲げる政権で、菅直人首相はじめ政権幹部には、決定的に発信力が欠けている。

24日午後（日本時間25日朝）、ニューヨーク市内で記者会見した菅首相は建前論を繰り返した。

「（中国船長の釈放は）検察当局が、事件の性質などを総合的に考慮し、国内法に基づいて粛々と判断した結果だ」

記者団との懇談で、準大手ゼネコン「フジタ」の社員4人が中国内で拘束されたことを聞かれた際も、他人言のような反応だった。

「なんか、そういうことがあるという知らせは、受けている」

一方、中国はどうか。

温家宝首相は23日の国連総会での一般演説で、国家主権や領土保全では「屈服も妥協もしない」と強調し、国際社会に明確なメッセージを発信した。国際社会では「沈黙は金」ではない。こんなありさまでは、尖閣諸島の歴史や事情を知らぬ諸外国に中国側が正義だという誤解を生みかねない。

今回の船長釈放劇で「判断に全然タッチしていない」（幹部）とされる外務省の中堅幹部がぼやく。

「自民党政権時代なら、中国の次の行動に備え、対処方針を策定するよう政治家から指示があった。ところが今回は、ほとんど現場に話は来なかった」

官邸サイドは否定するが、首相が「超法規的措置はとれないのか」といらだっていたとの報道がある。実際のところ官邸には「ただ、早く沈静化させたいという思いが先行していた」（首相周辺）ようだ。

政府には、問題解決に向けた見通しも方針もなく、衆知を集める能力もノウハウすらもなかったことになる。これでは「人災」だ。

「証拠として早く（漁船が衝突した時の）ビデオをみせるべきだった」。鳩山由紀夫前首相も25日、京都市内で記者団に、政府の段取りの悪さを指摘した。

鳩山氏は続けた。「私が首相当時は、温首相とのホットラインがあった。事件直後に菅首相が腹を割って議論すればよかった」と嫌味を言われる始末だ。

民主党の岡田克也幹事長は25日、奈良市で記者団に中国の謝罪・賠償要求についてこう語った。

「全く納得がいかない。中国にもプラスにならない。中国は冷静に対応したほうがいい」

政府・与党幹部が判で押したように中国に「冷静な対応」を求める。だが中国は日本の慌てぶりを「冷静に」観察し、どこまで押せば、どこまで引き下がるかを見極めながら、強硬姿勢を強めたのではないか。

25日夜、訪米から帰国した首相を最初に出迎えたのは、首相官邸前に陣取った市民団体の抗議のシュプレヒコールだった。

そして、仙谷由人官房長官らが公邸に駆け込んだ。尖閣問題の「今後」を協議する中で、メディアが伝える厳しい世論も報告されたという。

故中川昭一氏と岡田幹事長の外交感覚　２０１０年９月27日

中国漁船衝突事件と、その後の政府対応、政治家や国民の反応を見ていて、２００９年10月４日に惜しくも急逝《きゅうせい》した中川昭一元財務相のある言葉を思い出しました。

あれは福田内閣のころだったか、ある日、中国による東シナ海のガス田開発と、日本側の抗議に対する傍若無人な対応が話題になった際のことです。中川氏は私にこう語りました。

「まあ、中国批判はたやすいんだけど、むしろ『誠意を持って話せば分かる』と言うようなことばかり言って行動しない、きちんと対抗しない日本側のほうが問題だ。政治は自国の国益を守るのが第一だ。私が中国の政治家なら、やはり今の中国のようなやり方をすると思う。より大きな問題は日本側にあるんだ」

当時、私はこの言葉に深く頷き、全くその通りだと同意しました。国際社会の倫理レベルはまだまだ低いものだし、ましてや中国がどういう国であるかは初めから分かり切っていることなのです。それなのに、中国側が中国としては当然の振る舞いをするといちいちうろたえるというのは、うろたえる側がおかしいということです。

この言葉を思い出した理由は、民主党の岡田克也幹事長（前外相）が２０１０年９月25日に奈良市内で記者団に語った次の言葉がとても気になったからです。

「私は、中国にとってももう少し冷静に対応されたほうがいいのではないかと。国際社会の中で、民主主義国家でないし、自由とか人権とかそういう観点で見ると少し違うと言うことが、みんな分かってはいると思うが、こういうことがあからさまになってしまうということは、やはり決して中国にとってプラスじゃないと思いますし、がっかりしている日本人も多いのではないか」

なぜか日本の国益より先に中国の国益を慮っているように聞こえます。日本としては、むしろ中国がどういう国であるかをこの際、国際社会にどんどんアピールすべきなのに、「中国様、お気を付け下さい」と言っているようです。しかも、「みんな分かってはいると思うが」と、自分で言っている内容について、暴露されて公になっては困るという矛盾した、どこまでも中国をかばうような姿勢もうかがえます。

そんな戯言《ざれごと》を言っている暇があるなら、日本の一方的な敗北となっている事態をどう逆転させ、利用するかを考え、その一端なりとも示してほしいものです。

民主党幹部は9月26日、オフレコで次のように述べ、中国漁船側が体当たりをしかけてきたのが一目瞭然だとされる海保のビデオテープ公開に後ろ向きな姿勢をあらわにしました。

「出したら、国民は激昂するだろうなあ」

中国様に不利なことは国民に見せたくないというのです。また、強い国民世論を受けて中国に立ち向かおうという発想もみられません。世論の後押しを受けた外交は強く、世論が引いてしまうと弱いというのは常識なのに、です。ここにも事なかれ主義が顔をのぞかせています。

外交はときに、相手国だけでなく国民をも騙しながら、初期の目的（国益）を増進するためのものですから、何もいつも正直に手の内のカードをさらせ、なんて言うつもりは全くありません。

中川氏は、東シナ海のガス田の共同開発合意ができた際、表向きは「これでは中国側に有利なばかりだ」と不満を表明していましたが、その裏では外務省の事務方を「先行開発を進めていた中国から、よくぞここまで譲歩を引き出した」と慰労し、本音とタテマエを使い分けていました。それは、自分のような対中強硬派が下手に「これでいい」と評価してしまうと、中国側に「それではもう少し押してみようか」という隙を与えることになることが分かっていたからです。

外務省事務方もこれをよく心得ていて、「中川氏のような人が、ガス田合意は全然不十分だと言ってくれると、中国側に『日本の世論はこうなんだぞ』と言えるので助かる」と語っていました。

今回の件にしても、国民世論をもっと激昂させて、それをもとに断固たる毅然とした対応をとるという選択肢があるはずなのです。

仙谷官房長官のナイーブな中国観　2010年9月29日

2010年9月29日午前の定例記者会見で、仙谷由人官房長官が沖縄・尖閣諸島沖の漁船衝突事件に関し「中国様はあまりお変わりになっていない」という認識を示して、反省の弁を述べたので紹介します。あまりに中国に対する見方がナイーブなので笑ってしまいました。少なくとも、これまでの日本の対中外交から何も学んでこなかったということがよく分かります。

記者会見では某社の記者が、仙谷氏が9月13日の記者会見で「(船長を除く)14名と船がお帰りになれば、また違った状況が開けてくるのではないか」と楽観論を述べていた点について質しました。私も13日にその部分を聞いて、ずいぶんと甘いことを言うなと感じたのでよく覚えていました。

「お帰りになれば」って……。そして29日、仙谷氏は、そのときの判断についてこう悄然《しょうぜん》と語りました。いつもは強弁とすり替えでごまかすことの多いこの人にしては、珍しく素直な口ぶりでした。

「たぶん、これでいいんだろうと。というよりも、中国側も理解してくれるだろうと、ある種、判断をしておったわけですが、やっぱり司法過程についての理解が全くここまで異なるということについて、もう少し我々が習熟すべきだったのかなと思います。

もっと言えば、『20年前ならいざ知らず』という気分が、私にはありました。つまり、司法権の独立とか、政治・行政と司法の関係というものがこの間近代化されて、随分、変わってきているなあという認識を持っていたんですけども、そこはあまりお変わりになっていないんだなあと改めて考えたところです」

それにしても、なぜ仙谷氏は中国に対しては「お変わりになっていない」などと敬語を使うのか。昨日の記者会見でも、東シナ海のガス田、白樺付近で中国の海洋調査船がうろついていることについてこう述べました。

「まあ、周辺にいらっしゃるということは確認をしているようです」

いったいどんなトラウマから、中国の船にまで敬語を使うような精神状態に陥っているのか分かりませんが、いやはや不思議です。よほど恐ろしい目にでも遭ったのか。それとも、深く心にしみこんだ何かのコンプレックスがそうさせているのか。

さて、9月27日に社会学者の小室直樹氏の訃報がありました。小室氏といえば、ソ連崩壊を予測した『ソビエト帝国の崩壊』（光文社文庫）など数々のベストセラーを書いた人であり、私も大学生の頃に著書を片っ端から読んだ記憶があります。中には、「これはちょっと……」というものもなくはありませんでしたが、該博《がいはく》な知識と独特の理論に基づく一本筋の通った視点はとても勉強になりました。

たまたま、以前何かの折に職場に持ってきてそのままになっていた小室氏の著書『これでも国家と呼べるのか』（クレスト社）が手元にあるので、追悼の意を込めて少しそこから引用します。

《日本人はまだ「土下座外交」の本当の恐ろしさを理解していない。国際慣行上、みずから謝罪するとは責任を取ることである。責任を取るとは補償に応ずることである。このとき、挙証責任はこっちに押し付けられてしまうのだから、相手の言いなり以外にどうしようもない。（中略）

国際法上、講和条約またはそれに該当する条約（例、日中共同声明、日韓基本条約など）を結べば、それ以前のことは一切なかったことになる。もはや賠償の義務はない。それなのに、日本のほうから謝罪したので、一切が蒸し返されてしまった。佐藤内閣の日韓基本条約や田中角栄が周恩来に賠償を放棄させた日中共同声明など、せっかくの努力がみんな無駄になった》（第一章　謝罪外交は国際法違反）

《「歴史観」は個人の内面の問題である。権力がこれに介入することは絶対に許されない。これ「デモクラシー」の、いやそれよりずっと前の「リベラリズム」の鉄則ではないか。個人の内面の「歴史観」に、外国の権力者が介入し、これを必ず改めさせる。これ、日本を属国（植民地）視したことである。いや、属国視しただけではない。奴隷扱いをしたことでもある》（第二章　誰がデモクラシーの敵か）

《大蔵省銀行局は、アメリカの法律も慣行も知らなかった。ルールに反して、大蔵省は、大和銀行から不正の報告を受けながら、米当局に六週間も通告を怠ったのであった。通報を怠ったことに関する榊原英資国際金融局長の説明が、日本の金融機関と当局の信用を、泥土に落とした。榊原局長は通報遅延の理由説明で、何と、「日米の文化の違い」に言及し、「対米連絡の遅れについては不適切な措置は何もなかった」と述べた。（中略）

この「文化の違い」という説明は、大蔵省（特に国際金融局、銀行局）が、自由市場について何も知らないことの告白である。自由市場においては、完全情報が前提である。何の法律もルールもなくても、それは当たり前のことである。それと正反対の解釈をして、通報を遅延するとは。これは文化の差ではない。自由市場の何たるかを知らない白痴的無能ぶりが招来させた結果にほかならない。（中略）

ちなみに、この榊原英資という男、昭和六十年、理財局国庫課長として「昭和天皇在位六〇年記念一〇万円金貨」発行を画策した人物である。だが翌年に発行された金貨の原価は四万円。販売価格の一〇万円とは六万円の差があった。日本経済バブル化第一号の事件を起こした犯人だが、ここに逸早く着目した海外の偽造団は偽金貨を大量に偽造。結局、大蔵省内でも見通しが甘かったということで、回収策を講じることになった。だが、この大事件を犯した榊原は、国際金融局長に上りつめ、日米交渉の最高実務責任者となっている》（第六章　ただちに、大蔵省を解体せよ）

中国漁船衝突ビデオの隠匿を許さない！　２０１０年10月2日

２０１０年10月1日、民主党の羽田雄一郎参院国対委員長は、尖閣諸島沖での中国漁船の体当たりビデオについて仙谷由人官房長官と協議した後、記者会見で次のように述べました。何が「国民の生活が第一」だ、国民をなめるなと、心底怒りを覚えています。

《政府の立場は、国政調査権が決されれば、出さざるをえない立場だ。我々国会としてその議決を出して、ビデオを出して公開していいのか。国益を損なうものであってはいけないという思いで、慎重に取り扱う必要がある。

今後の議論でも野党にしっかりとお話しながら、国会の議決となれば与野党超えて責任を負うことになる。野党にも国の立場、国益を考えて対応していただきたいという思いで、真剣に議論しなければならないという話をした。

官房長官としては、「そういうことであれば、ある程度国会の状況をみながら、また集まって協議をしなければならない状況もくる」と。

今のところ、衆院予算委では議決ではなく、理事会の合意になっている。参院外交防衛委員会では、質問の中で出したほうがいいのではないかという議論があったが、そこで資料請求はなかった。理事会の中でも議決をしたり合意をしたということではない。

今後、予算委員会等で取り上げられてくる。そういう時に参院予算筆頭理事を加えた中でしっかり議論をする必要がある。野党の皆さんにも、私なりの見解とか今の状況、やはり3人が解放されたとはいえ、1人連行された状況だし、今、経済界の中で対応が軟化している状況もある。この状況を見極めながら対応すると。

野党にも責任の一端を担っていただくわけだから、しっかりと話をしなければならない。

(羽田さんはビデオ公開には否定的かという問いに)否定というより慎重にすべきだと思う》

そして、某省の政務三役はこう言い放ちました。

「衝突ビデオを見た。間違いなくぶつけてきている。あれは公開しちゃいけない。日本人があれを見たら、『中国人ふざけるな』と国民感情が燃え上がっちゃう」

随分と国民を下に見て愚民視し、冷静で良識的でお偉い自分たちが判断してやるから、無知で感情的でモノの道理が分からない国民はそれに従えばいいと言っているかのようです。ふざけるな、おまえら何様だ、と言いたい。

これは精神的奴隷の発想です。私がここまで本気で腹を立てている理由は、10月1日の菅直人首相の所信表明演説との矛盾にあります。菅氏はこう国民に呼びかけました。

「国民一人ひとりが（外交を）自分の問題として捉え、国民全体で考える主体的で能動的な外交を展開していかなければならない」

主体的に、能動的に考える材料は自分たちで隠匿しておいて、本当に許し難い。国民に真相を知らせず、目隠ししておいて、何を言っているんだ。これはもう、国民の敵だ！

まさに怒り心頭です。

盧大統領から射撃命令が下っていた竹島事件　2010年10月10日

2010年10月10日付の産経新聞2面に「竹島周辺で銃撃戦寸前　4年前の韓国海洋調査船事件　安倍元首相『盧大統領が射撃命令』」という記事が載っていました。拓殖大でのシンポジウムで安倍晋三氏が語ったことをもとに、野党担当の田中靖人記者が書いたもので、内容は次の通りです。

《平成18年7月に竹島周辺海域で韓国が海洋調査を強行した事件で、韓国側が調査船に同行させていた海洋警察庁の警備艇に、日本の海上保安庁巡視船に対して射撃を許可していたことが9日、分かった。射撃許可は日本政府にも伝わっており、日韓で銃撃戦となる可能性があったようだ。

当時官房長官だった安倍晋三元首相が同日、東京都文京区の拓殖大学で開かれた同大創立110周年シンポジウムで明らかにした。

調査は18年7月5日、韓国海洋調査院所属の海流調査船「海洋2000号」が、竹島近海の日本側の排他的経済水域（EEZ）と竹島周辺の日本領海内で実施した。海上保安庁は巡視船を派遣し無線などで調査中止を求めたが韓国側が強行。警備艇が調査船と巡視船の間に割り込むなど、一時緊迫したが、物理的な衝突はなかった。

安倍氏は韓国側が海軍の艦艇も周辺海域に派遣していたことを紹介。「危害射撃命令が（韓国の）盧武鉉大統領からひそかに下った」と明らかにした。日本政府は、韓国側の海洋調査を阻止すれば銃撃戦になると想定。安倍氏は竹島周辺での阻止活動をやめたという。

安倍氏はこのほか、中国漁船衝突事件の中国人船長釈放について「こういう事案は官房長官が判断する（のが通例だ）。官房長官が海上保安庁と外務省を呼び細かい判断をする。（今回も）実際には（仙谷由人官房長官が）判断したと思う」と述べ、検察当局が釈放を判断したとする政府の見解を虚偽だと指摘した》

これについて、記事を補足してみようと思います。それは、政治の「判断」と「責任」というものがどういうものであるかを理解する一助になるかと思うからです。こういう時には政府や政府の要職にある政治家はどんなことを考え、どう判断するかということの貴重な証言です。

拓大で実際に安倍氏が語った言葉は次のようなものでした。

《私も官房長官等々をやっておりましたが、こういう（尖閣諸島沖での漁船衝突事件のような）事案が今までもありました。竹島でもありましたが、その時には官房長官が自分の部屋に海保の長官を呼んで、そしてまた、外務省も呼んで、そこで判断をしました。かなり細かい判断をします。

竹島の時には12海里の中に入ったらどうしよう、12海里の外だったらどうしようという判断をしました。その時には12海里に沢山の海保の船が、向こう側の海保の船が沢山いて、軍艦まで出してきた。最後には、危害射撃、つまり相手にも危害を加えてもいい射撃命令が盧武鉉から密かに下ったんです。

そこで、放射線の調査をする船が韓国からやってきてこの中に入るかどうか。入るまで阻止するけど、中で阻止をするかどうか。阻止をすると向こうが銃撃をする。そういう時にはどうするかは、全部、我々が判断しました。当然、海上保安庁の判断を越える判断です。

今回のことはこれを国が判断してない（と現政府は言う）。世界中は驚いてると思いますよ。どう考えてみたって、百歩譲ってああいう判断をする、間違ってると思いますけども、あの発表は官邸で発表すべきです。それを那覇の地検の分室で発表する。世界中がこれはおかしいんじゃないかと思います。実際、私は判断したんだと思います。実際はね。だからそこで嘘をついてはいけない》

私が聞くところによれば、4年前のその時、小泉純一郎首相は「この件は安倍君に任せるから」という対応だったそうです。ただ、事態はかなり緊迫していて、韓国の盧武鉉大統領は部下に「危害射撃」の許可を出したとのインテリジェンス情報が政府に入っていました。竹島は残念ながら事実上、韓国に「実効支配」されているので尖閣と事情は異なりますが、まさに今回の事例と共通する領土・領海問題にどう対処するかという決断が迫られる場面だったわけです。

そこで、官邸の官房長官室で外務省、海保の最高幹部と協議した結果、安倍氏が下した判断は「接舷しての阻止活動はしない」というものでした。

判断の背景には、「相手が中国だったら、外交は完全にゲームとしてとらえているから出方は分かる。こちらがこういう手を打てば、相手はこうするという予測が成り立つ。しかし、盧武鉉は韓国側の政府高官や軍人が当惑しているほどおかしな人物であり、何をするか分からない」という事情がありました。

ちなみに、盧武鉉氏は意図してそう振る舞ったのではないでしょうが、外交交渉では相手国にこのように「何をするか分からない」と思わせることは重要です。北朝鮮なんか、それだけでここまでしのいできた部分があります。

官房長官室では、安倍氏と当時の石川裕己海保長官との間で、次のような緊張あふれる会話が交わされたといいます。

《**安倍氏**　韓国側から射撃を受けたら、装甲の弱い海保巡視船は炎上、沈没もありえる。ここで盧武鉉に付き合って隊員の生命を危険にさらすわけにはいかない。接舷しての阻止はやめることにする。

石川氏　官房長官、隊員はもとより領海を守る任務に命をかけています。その隊員の生命保護を理由にしての接舷とりやめには承伏しかねます。

安倍氏　分かった。それでは前言は取り消す。今回は、政治的・外交的な理由に基づく政治の判断として接舷はしないということにする。それならいいか。

石川氏　それならけっこうです。了解しました》

現場の海保隊員の使命感は当時も今回も変わらないはずだと思います。また、近頃は不祥事の連続で評価を下げている検察にしたところで、現場の人たちの多くは、法の遵守《じゅんしゅ》と適正執行を望んでいるのは間違いないでしょう。

今回の漁船衝突事件のように、それを歪めて中国人船長を釈放するのであれば、菅直人首相自身か、せめて仙谷由人官房長官が「政治の判断でそう決めた」と正直に語るべきでしょう。最終的責任を政治がとるという前提があってこそ、現場は全力を尽くすことができます。

しかし、現政府は「地検の判断だ」と繰り返し、卑怯にも自分たちで責任を負おうとしないわけです。そしてさらに、衝突のビデオ映像に関しても、「現場が適切に判断するだろう」などと現場に判断を委ねているかのようなごまかしを続けています。

10月9日、中国にとらわれていた準大手ゼネコンの社員が解放されたことについて、菅首相は「(日中関係は)いろんなことが元通りになっていくのかなと思う」と相変わらず脳天気で戦略的思考のかけらもないセリフを述べていました。卑怯・姑息《こそく》が骨の髄までしみこんで、そういう自分たちの姿が端からどう見えるか、利害関係国の目にどう映っているか想像もできなくなっているようです。

仙谷氏「出さないなんて一言も言ってない」２０１０年10月12日

衆院予算委員会での論戦が始まりました。その中で、自民党の石破茂政調会長の質問の論理展開が興味深く、かつ、重要な答弁を引き出したと思えたので取り上げてみます。

石破氏は、まず、菅直人首相が所信表明演説で外交について「国民一人ひとりが自分の問題として捉え、国民全体で考える主体的で能動的な外交を展開していかなければなりません」と主張した点を取り上げ、菅首相にお礼を言わせます。そして、その上で、

「憲法上、外交権は内閣に所属している」

ことを強調し、いい加減な反論を試みる菅首相の言葉を「内閣の職務に関する首相の解説はどんな憲法の本にも書いていない」と切って捨てます。

さらに、返す刀で、仙谷由人官房長官に、尖閣諸島沖での中国漁船衝突事件と中国人船長の逮捕が重大な外交問題に発展するという認識があったかどうかを尋ね、こう言わせました。

「当然ながら、外交問題になるなと予測していた」

その上で、仙谷氏から、検察官の裁量に任せる「起訴便宜主義」の考え方のもとで、日中関係に配慮したという検察の判断を「了とした」というこれまでの主張を再確認させます。

どうやら、これらの流れは石破氏の想定通りのことだったようで、ここで石破氏はこうたたみかけます。

「起訴便宜主義で検察官に裁量を与えているのはなぜか。起訴しないほうが犯罪人の更正にとってよい場合がある。あるいは、訴追しなくても社会秩序が保たれる。この二つだ。今回はいったいどうなのか」

そして、石破氏は今回の事例がいずれにも当てはまらないことを論証しました。さらに、中国人船長がすでに中国に帰っているうえ、日中間で犯罪人引き渡し条約が結ばれていないこと、刑事事件の第1審では必ず被告人が出廷しなければいけないがそれが無理なことを指摘し、こう意味づけました。

「処分保留にした時点でもう公判は開けないという決定を成したに等しい」

これに対しては、仙谷氏もいやいやこう率直に認めざるを得ませんでした。

「事実上、そういうことになるだろうと私も思う」

石破氏はこの点を確認したうえで、政府・与党が渋っている衝突ビデオの公開に話を移します。仙谷氏たちが、これまでビデオを公開しない理由として裁判の証拠物件だと繰り返していた点の矛盾をついたのです。

「官房長官はいま、この先、船長を訴追し、公判が開かれる可能性はほぼないと思われる答弁をした。それなら、なぜ公開しないのか」

次に石破氏はロッキード事件当時の議事録を全部読んだと述べたうえで、当時の法務省刑事局長、法相、内閣法制局長官が次のように国会で繰り返していた点を指摘します。検察にすべてを追わせることの無理を押さえた形です。

「検事には、検察には判断できない場合は当然あるだろう」

押しまくられた仙谷氏はまた、次のように認めてしまいます。

「検察当局が判断を、あるいは相談を持ちかけてきた場合は、相談に乗らなければならないと考えている」

ここまできたらもう、お決まりの「現場が適切に判断するだろう」という無責任な答弁は通用しません。さらに、石破氏が「公開するかしないかの基準は、公開しないことで何が守られますか、ということだ。出さないことによって守られる公益があって、だから出さないのだという説明をすべきだと言っている」と追及すると、とうとう仙谷氏はこう言ってしまいました。

「出さないなんて一言も言ったことはありません！」

仙谷氏はその後も、「国会に提示することはやぶさかではないが、時期がいつか、さらに進んで、どのような開示が行われるか考慮、配慮しなければいけない」などと四の五の言っていましたが、予算委はテレビ中継され、国民は見ていました。これで出さないなどということは許されません。

実際、10月12日夕方、自民党の逢沢一郎国対委員長は記者団に、ビデオ公開問題についてこう語りました。

「今日の石原伸晃幹事長、石破さんと政府のやりとりで、処分は保留だが、また起訴に向けて捜査を進めていく、取り調べていくと言ったって、現実問題そういうわけにはいかないということが確認されたようなものだ。証拠だから簡単には出せないという理屈にはもうならないのではないか」

仙谷官房長官は日韓基本条約締結に反対だった　２０１０年10月20日

仙谷由人官房長官が２０１０年7月、韓国に対する新たな戦後個人補償を行いたいという妄言を吐いた際、私は産経紙面で次のように書きました。

《日韓両国の個人補償請求問題は昭和40年の日韓基本条約とそれに伴う協定で「完全かつ最終的に」解決されている。にもかかわらず仙谷氏は「当時の韓国は軍政下だった。法律的に正当性があると言ってそれだけでいいのか」と述べ、「政府見解」に異を唱えた。

菅内閣は「北朝鮮との国交正常化を追求する」としているが、仙谷氏の解釈に従えば、軍事をすべてに優先させる「先軍政治」を掲げる北朝鮮と国交正常化しても無効ということになるのではないか》（2010年7月10日付『産経新聞』）

《仙谷氏は7月7日、日本外国特派員協会での講演や記者会見で突如、韓国への戦後補償は不十分だとして、新たな個人補償を検討する考えを表明した。

この発言自体、（中略）条約・協定締結のために長年苦労を重ねた先人たちへの侮辱でもある》（2010年8月1日付『産経新聞』）

この時は、この人は国と国との基本条約を何だと思っているのだろう、とんでもない暴論だと思っていたのですが、過去の国会議事録を読んでいて、己の認識の甘さに思い至りました。仙谷氏は、2010年1月22日の衆院予算委員会で、自民党の小池百合子氏とこんな質疑を行っていたのでした。

《**小池氏**　仙谷大臣はどんな学生運動をされたんですか。

仙谷氏　入学の時には、たぶん、日韓基本条約反対のデモに参加した記憶がございます。それから、横須賀に原子力潜水艦が入ってくるので、これの反対のデモに横須賀に行った記憶もございます。それから、東大闘争のときは司法試験に合格した後に、安田講堂あるいはその前のラグビー場の事件というのがあって逮捕者が出ましたので、この救援対策に奔走いた

しましたし、ベトナム反戦のデモには相当多く出かけていったような記憶があります》

つまり、最初から日韓基本条約に反対していたわけです。その初志を今も貫いているということです。「三つ子の魂百まで」と言いますが、仙谷氏は当時からずっと変わっていないのだと考えたほうがよさそうです。

「マスコミも責任をとれるのか！」 ２０１０年10月28日

民主党の中川正春衆院予算委員会筆頭理事は２０１０年10月27日、記者団とこんなやりとりをしています。

《**記者**　ビデオの一般公開、マスコミや国民への公開には否定的か。

中川氏　それをやって、マスコミも責任をとれるのか！

記者　事実関係として、民主党は全面公開には慎重だと。

中川氏　そうだ》

責任をとれるのか、とは、一体どういう神経で言っているのでしょうか。おそらく日中関係が悪化したらどうするのか、という意味なのでしょうが、国民の知る権利など知ったことではないと言わんばかりの態度です。事実を知り、正しい判断の材料にしたいという国民の正当な望みなど眼中にはなく、愚民どもは黙って従えばいいという姿勢のようです。

この中川氏の言葉で思い出すのは、森政権の末期、台湾の李登輝総統の訪日を認めた際のことです。在京各紙のすべてが、社説で病気治療のため訪日する李登輝氏を受け入れるべきだと書いた際に、当時の福田康夫官房長官（親中派）は記者会見で記者たちに「何かあったら、あなた方の責任だからね」と言いました。全くこの人は何を言っているんだかと呆れたのを覚えています。

また、当時はまだ、自民党橋本派のバックアップがあったので力を持っていた外務省チャイナスクール（今はもう当時のような影響力、団結力はありません）の代表格だった槙田邦彦アジア大洋州局長も跳梁跋扈《ちょうりょうばっこ》していました。槙田氏は、国会議員たちに盛んに「李登輝さんを日本に入れたら大変なことなる」と吹き込み、脅していました。

でも、その後きちんと李氏は訪日し、それからも何度も日本に来ていますが、それで日中関係は福田氏や槙田氏が恐れていたような取り返しのつかない事態になったでしょうか？　そんなことはありません。日本政府が世論の後押しを受けて進めたことに対し、中国だってそうそう口出しできないものです。

外交で、相手がふっかける要求や主張を真に受け、額面通りに受け取るのは間抜けだと思います。それに慌てふためいて一方的に譲歩したり、下手《したて》に出たりすると、相手にくみしやすしとみられて付け入られるだけです。

今ごろ中国は、菅政権や民主党の対応を見て「なんて愚かな連中だろう」と腹を抱えて笑っていることでしょう。

李登輝氏、「尖閣は明確に日本領」と表明　２０１０年11月2日

２０１０年11月1日、ロシアのメドベージェフ大統領が北方領土・国後島の地を踏むという事態になりました。これに対して、菅直人首相も仙谷由人官房長官も「遺憾だ」というばかりで何ら痛痒《つうよう》を感じていないかの様子です。

尖閣諸島問題に続き、信じられないほどの主権に対する鈍感さと、主権者たる国民の怒りに対する不感症ぶりに、日々、憤りと絶望を覚えざるをえません。

仙谷氏に至っては1日の記者会見で、「これで決定的にどうということはない。私はその程度に考えている」とまで言い放ちましたが、このルーピーズが引き起こした人災によって、我が国は戦後最大の国難に見舞われているのかもしれません。

2日になって、河野雅治駐露大使を一時帰国させることにしましたが……。

一方、鳩山由紀夫前首相は1日、自身のツイッターで、「正しいことを言うときは少し控

えめにするほうがいい。外交交渉の要諦はここにある」などと寝言をほざき、相も変わらず今日の事態を招いた中心人物は自分であることに全く無自覚であるようです。鳩山氏から「外交の要諦」を聞かされなければならないとは……。

1日付の産経新聞政治面には、安倍晋三元首相が台湾の李登輝元総統と会談した際、李氏は「尖閣諸島の領有権は日本にある」と明言したという記事が短く載っていました。見出しは「馬総統『尖閣、感情対応回避を』安倍氏訪台」というものだったので、この部分を危うく見逃すところでした。

李氏は以前にも、尖閣諸島は日本領であるという考えを表明していますが、今回の中国漁船衝突事件の後だけに、これは意味があるなと感じました。そこで、安倍氏に李氏の言葉はどういう言い回しだったか取材したところ、次のようだったとのことでした。

「歴史をよく調べれば、尖閣諸島は日本に領有権があるのは明確だ」

これは、やはり尖閣諸島の領有権を主張している台湾政府の立場とは全く異なりますが、元総統がこうはっきり発言してくれるのはありがたいことです。

李氏はもう一つ、「尖閣諸島付近を、日本の漁船と台湾の漁船がともに操業できる暫定措置水域にしてもらえないだろうか」とも述べたそうです。尖閣諸島付近海域のごく一部には、日中の排他的経済水域の重なる暫定措置水域があり、日中協定でそこでは両国の漁船がともに操業できるタテマエになっています（今回の衝突事件は暫定措置水域外です）。

一方、台湾との間では、この暫定措置水域を設定しようとすると、「もろに尖閣諸島の真ん中、ホットスポットにぶつかる」（外務省）とのことで、日台間で合意はできておらず、無秩序状態になっているとのことです。これは李氏の要望とはいえ、確かに調整は簡単ではないでしょう。

李氏はさすがに本物の政治家だということでしょう。日本にとって「ありがたい」話をしつつも、それだけでは終わらない。クセ球、隠し球も仕込んでいるというわけです。油断はできません。しかし、少なくとも、無条件に東シナ海を「友愛の海」にすると言って衝突の海へと導いたどこかのルーピーとは比べものにならないと、改めて感じた次第でした。

「自衛隊は暴力装置」 2010年11月19日

仙谷由人官房長官は2010年11月18日の参院予算委員会で、自衛隊を「暴力装置」と表現した。直後に撤回し「実力組織」と言い換えた上で「法律上の用語としては不適当だった。自衛隊の皆さんには謝罪する」と陳謝した。菅直人首相も午後の参院予算委で「自衛隊の皆さんのプライドを傷つけることになり、おわびする」と述べた。首相は18日夜、仙谷氏を執務室に呼び「今後、気をつけるように」と強く注意した。

「昔の左翼時代のDNAが、図らずも明らかになっちゃった」

みんなの党の渡辺喜美代表は18日、仙谷氏の発言について端的に指摘した。

「暴力装置」は、もともとドイツの社会学者のマックス・ヴェーバーが警察や軍隊を指して用い、「政治は暴力装置を独占する権力」などと表現した言葉だ。それをロシアの革命家、レーニンが「国家権力の本質は暴力装置」などと、暴力革命の理論付けに使用したため、全共闘運動華やかなりし頃には、主に左翼用語として流通した。

現在では自衛隊を「暴力装置」といわれると違和感がある。だが、旧社会党出身で、東大時代は日韓基本条約反対デモに参加し「フロント」と呼ばれる社会主義学生運動組織で活動していた仙谷氏にとっては、なじみ深い言葉なのだろう。

国会議事録でも、「青春をかけて闘った学生を、自らの手で国家権力の暴力装置に委ね……」（1969年の衆院法務委員会、社会党の猪俣浩三氏）、「権力の暴力装置ともいうべき警察」（1973年の衆院法務委、共産党の正森成二氏）――などと主に革新勢力が使用していた。

18日の国会での反応をみても、自民党の丸川珠代参院議員は「自衛隊の方々に失礼極まりない」と批判したが、共産党の穀田恵二国対委員長は「いわば学術用語として、そういうこと（暴力装置との表現）は当然あったんでしょう」と理解を示した。

民主党の岡田克也幹事長は「人間誰でも言い間違いはある。本来、実力組織というべきだったかもしれない」と言葉少なに語った。

仙谷氏は著書の中で、「若かりし頃、社会主義を夢見た」と明かし、その理由としてこう書いている。

「社会主義社会には個人の完全な自由がもたらされ、その能力は全面的に開花し、正義が完全に貫徹しているというア・プリオリ（先験的）な思いからであった」

仙谷氏は後に現実主義に「転向」し、今では「全共闘の時の麗しい『連帯を求めて孤立を恐れず』を、政治の場でやるとすってんてんの少数派になる。政治をやる以上は多数派形成をやる」（2010年7月7日の講演）と述べている。とはいえ、なかなか若い頃の思考形態から抜け出せないようだ。

「ちょっと言葉が走った。ヴェーバーを読み直し、改めて勉強したい」

18日午後の記者会見で、仙谷氏はいつになく謙虚にこう語った。

2紙に「万死に値」と指摘された鳩山氏

2011年2月14日

鳩山由紀夫前首相は『琉球新報』『沖縄タイムス』の沖縄地元紙2紙のインタビューで、米軍普天間飛行場移設問題で自ら「学べば学ぶほど」と口にしたいわゆる「海兵隊抑止論」についてこう語りました。

「辺野古移設しか残らなくなった時に理屈付けしなければならず、『抑止力』という言葉を使った。方便と言われれば方便だった」

もはや語るべき言葉を私は持ちません。一つ言えることがあるとすれば、この人の破壊力は凄まじい。もの凄い腕力で、日本社会のモラルも、政治に対するもともと小さかった信頼も、日本の国益も根こそぎ壊していく。

それで、鳩山氏と普天間問題というと、私はいつも2010年5月29日付の日経新聞の社説が「罪万死に値する失政である」という書き出しだったことを思い出します。個人名でのコラムならともかく、新聞の社説が、1人の政治家に対して罪万死に値するなんて激烈な怒りを込めて書くことは極めて稀というか、私は他に記憶になかったからです。おそらく、空前絶後の表現だろうなと思っていました。

ところが、2011年2月14日の琉球新報社説はこう書いていました。

「これほど言葉の軽い政治家を見たことがない。そして、自らの言葉に無責任な人も。政治音痴の素人政治家が国を動かし、国民を翻弄し、政治不信を高める。万死に値する大罪だ」

時期を違えて、別の新聞の社説でそれぞれ「万死に値する」と指摘される政治家がまさかあろうとは。

ちなみに、琉球新報社説は次のようにも記していました（抜粋）。

「政治音痴の素人政治家に、国政を委ね、安保・外交政策を左右されることの怖さに、身震いした」

「全てが浅はかな思い付きと行き当たりばったりの政権公約、理念と信念なき政策運営だったことが、あらためて明らかになった」

「指導力を欠き、官僚に翻弄され、身内の閣僚からも見放される。明らかに首相になってはいけない人が、この国を担う。民主党政権の限界も露呈している」

まだまだ産経新聞も私の筆も甘いなあと、反省させられました。

第三章

対中、対ロ、対韓、敗北ドミノ

2011年

2月27日 民主党の土肥隆一党倫理委員長、韓国で、日本が竹島の領有権を放棄する「日韓共同宣言」に署名。

3月1日 韓国の李明博大統領、「3・1独立運動」記念式典で、いわゆる元従軍慰安婦の賠償請求権問題について「元慰安婦がこのまま世を去ったら、日本はこの問題の解決の機会を永遠に失う」。

3月11日 東日本大震災発生。

8月1日 自民党の新藤義孝議員らが竹島調査のため鬱陵島訪問を計画、韓国に入国しようとしたが、韓国は空港で入国を拒否。

8月30日 菅再改造内閣の総辞職を受け、野田佳彦代表が首班指名選挙で第95代内閣総理大臣に指名、9月2日に就任。

9月22日 野田首相、ニューヨークで李大統領と会談。「**日韓関係には時折難しい問題が起きることも事実だが、未来志向の下で日韓関係全体に悪影響を及ぼすことがないよう、大局的な見地から協力していく**」と両氏。

9月25日 玄葉光一郎外相、韓国の金星煥外交通商相と会談。金氏、慰安婦の賠償請求権問題に関する協議を要請。玄葉氏、「**請求権問題は解決済み**」との意向。

10月10日 前原誠司政調会長、金外交通商相との会談で、慰安婦問題について「**知恵を出し合い静かな環境で議論したい**」。新たな基金創設も示唆。

10月19日 野田首相、韓国で李大統領と2度目の会談。朝鮮王朝儀軌の一部を引き渡し。「**共存共栄をしなければならない最も重要な隣国だと十分認識している**」。

12月14日 駐韓国日本大使館前に13歳の少女慰安婦と称する銅像が設置される。

12月17日 李大統領、民団大阪本部で「慰安婦問題を解決しなければ、日本は永遠に韓日間の懸案を解決できない負担を抱えることになるだろう」。

12月18日 野田首相、京都で李大統領と3度目の会談。慰安婦問題の優先的解決を迫る李大統領に、野田首相は「決着済み」とする一方、「**これからも人道的な見地から知恵を絞っていきたい**」。

12月19日 **輿石東幹事長**、「慰安婦の碑」設置に「**慰安婦の問題だけで日韓関係が悪化するものではないだろう**」。

2012年

4月8日 鳩山元首相、イランを訪問し、大統領と会談。イランは、鳩山氏が「国際原子力機関がイランなどに二重基準的な対応をとるのは不公平」と語ったと発表。鳩山氏は否定するが、イランに会談を利用された形になった。

4月17日 石原慎太郎東京都知事、尖閣購入計画を表明。

6月4日 野田第2次改造内閣が発足。防衛相に、拓殖大学大学院教授の森本敏氏を民間から初起用。

6月7日　丹羽宇一郎駐中国大使、英紙のインタビューで、都の尖閣購入計画について、「**実行されれば日中関係に重大な危機をもたらす**」。政府は口頭注意。

7月3日　ロシアのメドベージェフ首相、国後島を訪問。

7月4日　藤村修官房長官、記者会見で、メドベージェフ首相の国後島訪問を「**極めて遺憾。日露関係の前向きな雰囲気作りに水をさすもの**」と非難。メドベージェフ首相はツイッターで「国後島はロシア最果ての地」とつぶやく。

7月7日　野田首相、尖閣諸島の国有化をめぐり「**尖閣は歴史上も国際法的にも、わが国固有の領土であることは間違いない。領土問題、領有権の問題は存在していない**」と強調。

7月23日　政府、丹羽中国大使交代の方針を固めたことが判明。事実上の更迭。岡田副総理は「**政権交代のコスト**」。

8月10日　李大統領、韓国の歴代大統領として初めて竹島を視察、上陸。

8月14日　李大統領、天皇陛下の訪韓について「亡くなった独立運動家に対し、心から謝罪することが条件」と発言。竹島上陸については「加害者と被害者の立場をよく理解していないので目を覚まさせようとしている」。

8月15日　尖閣・魚釣島に香港の活動家7人が上陸。沖縄県警、この7人を含む14人を入管難民法違反容疑で逮捕。全員起訴されず、17日に強制送還。韓国のタレントらが泳いで竹島上陸。

8月19日　韓国の慶尚北道が、竹島で李大統領直筆の石碑の除幕式。鳩山元首相、講演で、「**わたしは東アジア共同体を主張し、中国も韓国も非常に納得していた。わたしが辞めた後、これだけの事件が起きていることは大変残念**」。

8月21日　政府、竹島の領有権について国際司法裁判所に付託するよう韓国政府に提案。

9月11日　政府、尖閣・魚釣島など3島を20億5000万円で購入、国有化を閣議決定。以降、中国で反日デモが激化、一部が暴徒化。柳条湖事件81年の18日には125都市でデモが行われた。

9月16日　尖閣周辺で、中国の海洋監視船6隻が相次いで領海侵犯。国有化後は初。

9月19日　習近平副主席、米国防長官との会談で「（尖閣の）国有化は茶番」と批判。

9月21日　民主党代表選で、野田首相が大差で再選。

9月23日　中国初の空母「ワリヤーグ」が海軍に引き渡し。中日友好協会、27日に北京で開催予定の「日中国交正常化40周年記念式典」を無期限延期。

9月26日　自民党総裁選で、安倍晋三氏が第25代総裁に就任。野田首相、国連総会で、尖閣諸島について「**わが国固有の領土であることは明白。後退する妥協はあり得ない**」と演説。翌日、中国側が「日本が盗んだ」と非難。

野田首相の不作為　2011年10月29日

一見小さな出来事のようでも、日韓関係に取り返しのつかない禍根を残す計画が韓国で進んでいる。

元慰安婦支援団体の「韓国挺身隊問題対策協議会（挺対協）」がソウルの在韓日本大使館前の路上に「記念碑」建立を計画し、ソウル市が許可した。このままだと2011（平成23）年12月にも設置されることになる。

碑は慰安婦を象徴する高さ約120センチの少女の像の隣に空席の椅子が並ぶデザインだ。毎週水曜日に日本大使館前で開かれている慰安婦問題糾弾集会が1000回を迎える12月14日、除幕式を実施する意向だという。慰安婦問題糾弾集会にはかつて民主党の岡崎トミ子元国家公安委員長も参加した。

だが、日本の軍や官憲が強制的に女性を集めた証拠は、政府が国内外の公文書館や関係省庁に八方手をつくして調べても一切見つからなかった。

挺対協は勤労動員された女子挺身隊と慰安婦を意図的に混同し、悲劇を演出しようとしているが両者は全く別物だ。貧困のため親に売られたり、悪質な業者にだまされたりして意に反して慰安婦となった女性はいただろうが、それを日本軍のせいにするのは筋違いだ。

こうした歴史的事実を踏まえ、記念碑建立をやめるよう訴える機会が２０１１年10月19日の日韓首脳会談だった。ところが、野田佳彦首相は会談後の共同記者会見で「慰安婦問題は出なかった」と述べ、韓国側がテーマとして持ち出さなかったこと自体が成果であるかのように胸を張った。

「いっそ記念碑建立予定の大使館前の路上にドラえもんやガンダムの像を１００体ぐらい建てようか。とにかく記念碑を建てさせなきゃいいんだから」

記念碑建立取りやめを韓国側に働きかけている外務省筋はこんなヤケクソ気味のアイデアを披露する。韓国における日本の象徴である大使館前に史実と反する少女の強制連行を表した記念碑が建てば、日本は「性奴隷（セックススレイブ）の国、日本」であることを受け入れさせられた形になる。当然、日本国民の対韓感情は「そこまでやるのか」と冷え込むことだろう。

歴史問題ではいつも、自分と同調者だけが良心的で立派だと信じ込む謝罪マニアや、その場しのぎの問題先送り主義者が問題を複雑化させてきた。

「野蛮な行いをしながら公式な謝罪をしていないのは日本の国会議員として恥ずかしい。帰国したら慰安婦問題を広める」

10月12日の挺対協の集会には社民党の服部良一衆院議員が参加し、こう発言している。こうしたタイプの人にとって、韓国側が主張する慰安婦の強制連行説は、いくら根拠が薄かろうと反証があろうと疑ってはいけないドグマなのだろう。

また、慰安婦募集時の日本軍・官憲の関与の「強制性」を政治判断で認め、国際社会にそれを広めてしまった1993年の「河野洋平官房長官談話」の罪もとてつもなく重い。「女性が強制的に連行されたものであるかは、文書、書類ではなかった。本人の意思のいかんにかかわらず連れて来い、という命令書は存在しなかった」

河野氏自身が後にこう認めているのである。韓国政府の要請に安易に応じ、姑息に出されたこの政府談話によって、日本の国際イメージはどれほど損なわれ、問題を長引かせることになったことか計り知れない。

結局、河野談話の根拠は韓国での元慰安婦16人への聞き取り調査だけだった。これも談話作成にかかわった石原信雄氏（当時官房副長官）が「裏付け、本人の親に会うとか当時の関係者に会うとかそういう手段はない。もっぱら本人の話を聞くだけだ」と証言している。

私はかつて、この聞き取り調査について外務省と内閣府に情報公開請求を行ったが、ともに「元慰安婦たちのプライバシー」を理由に却下された。だが、プライバシーを保護しながら情報公開する手段もあるはずだ。日韓関係の真の正常化のためにもすべてを白日の下にさらすべきだ。

前原政調会長の愚かな慰安婦発言　２０１１年10月11日

民主党の前原誠司政調会長は２０１１年10月11日、韓国政府が賠償請求権交渉を求める慰安婦問題について、２００７年に解散した「女性のためのアジア平和国民基金」（アジア女性基金）を参考にした新たな基金創設を構想していることを明らかにしました。ソウル市内で記者団の質問に答えたものです。

前原氏は「自民党政権の時もアジア女性基金が行われたことを考えた場合、何らかの人道的な仕組みを検討する余地があるのではないか」と述べました。また、同日の記者会見でも「韓国政府側は（かつてアジア女性基金に）否定的な考え方をしたが、それは以前の話であり李明博政権ではない」と語り、韓国側も正式賠償とは異なる基金形式を受け入れる可能性があるとの見通しを示しました。

さて、前原氏は、というべきなのか野田政権は、というべきなのか、どちらにしろ民主党政権は相変わらずナイーブで逆効果な譲歩外交を続けているようです。ソウルの日本大使館前に慰安婦の記念碑を建てようという韓国側の嫌がらせに対し、相手に何とかしてお金を払いましょう、そうすればきっと機嫌を直してくれるんじゃないかなと。

藤村修官房長官や玄葉光一郎外相ら政府側からはまだ、前原氏に同調する動きは見られませんが、首相候補でもあった民主党幹部である前原氏が韓国でこんなことを言えば、波紋が広がるのは間違いありません。

しかも、民主党外交はいつも、二国間外交しか視野に入らないようで、こうした対韓姿勢が他の国にどう受け取られ、波及していくかという視点が感じられません。慰安婦問題でアジア女性基金が一時金を支給したのは韓国だけでなく、フィリピンやインドネシアもそうであり、韓国を対象に似たような基金を立ち上げた場合、他国がどう考えるか、前原氏は少しは検討したのでしょうか。

菅政権下で仙谷由人官房長官が主導した対韓外交は、「菅謝罪談話」を発表しました。韓国併合100年にあたっては「謝罪は一度で十分」という国際常識に反し、日韓両国の請求権について「完全かつ最終的に解決された」「いかなる主張もすることができない」と定めた日韓基本条約にさからったのです。

さらに、韓国に残る日本の文化財、歴史的文書は請求しないまま、日本に所蔵されている朝鮮王室関連文書の引き渡しを約束しました。

こうした対韓傾斜は、仙谷氏の周辺によると「台頭する中国に対抗するには日韓がより親密に手を結ぶしかない」というもっともらしい理由説明がありましたが、政治も外交も結果がすべてです。こうして次々と日本が韓国に一方的に譲歩していった結果、日韓関係は前進しているでしょうか。

逆に韓国側は、尖閣諸島沖での中国漁船衝突事件での菅政権の国辱的な弱腰外交（これがロシア大統領の北方領土訪問にもつながっていると見ています）から日本の足下を見て、閣僚が相次いで竹島を訪問し、竹島付近の日本領海内で「海洋科学基地計画」を打ち上げるなど挑発的な行為を続けています。

２０１１年8月には自民党の国会議員３人の入国を拒否し、同月には憲法裁判所が慰安婦問題は解決していないと政府をけしかけています。

日本国としての意思をきちんと示さないで譲歩を重ねたところで、相手になめられ、かえって押し込まれるだけだという自民党時代からのハト派政権が繰り返した「譲歩外交」の失敗をどうしてこうも再現したがるのか。何か得たものがあるというのなら、きちんと国民に示してほしいと思います。

折しも韓国は２０１２年、4月には総選挙、12月には大統領選を控え、国内事情から「日本たたき」は政治家にとって必須アイテムかつブームとなっています。そこに新たな材料を投下してどうするのか。２０１１年10月18日には野田佳彦首相が訪韓するわけですが、いったい何を言わされるのだろうかと心配です。

第一、アジア女性基金などの基金形式に対しては、韓国は「そういうものをもらえば、ことの本筋をすり替えることになる」（金大中元大統領）などと反発してきました。前原氏は「李明博大統領は違う」と考えているようですが、どこにそんな根拠があるのか。そもそも、来年には交代する政権に期待したところで、次の政権がひっくり返せば終わりです。外交は本来、政権が変わっても継続性を持つべきですが、民主党自体が外交の継続性を無視してきたのも明らかです。

私は2000年に当時のアジア女性基金理事長だった村山富市元首相にインタビューしたことがあります。村山氏が、韓国に同調してやはり基金形式はダメだという声が強かった社民党内の反対論を押し切って理事長となったことに興味を覚えたからでしたが、インタビューにはなぜか理事の和田春樹氏（左翼的活動家として有名です）が同席しました。

私は、ヘンだなあとは思いましたが、理事長となったばかりの村山氏では答えられないこともあるかと考え、気にしないことにしました。

ところが、私がこう質問した時でした。

「元慰安婦に一時金を払うというが、元慰安婦の大半は日本人女性だ。アジア女性基金は日本人元慰安婦についてはどう考えているのか」

村山氏は「うっ」と詰まったきり絶句し、何か言葉を探しているようでした。私はじっと

それを待っていたところ、それまで黙って聞いていた和田氏がいきなり、

「ちょっと待って！　今の質問はなかったことにして」

と介入してきたのでした。私はそれはおかしいと思ったのですが、和田氏の不規則発言はともかく、村山氏が言葉を失って何も答えないので、そのやりとり自体が成り立たず、短いインタビュー記事には経緯を載せられませんでした。

一方で、村山氏に「国交のない北朝鮮の慰安婦問題についてはどう取り組むか」と、やはり基金の対象外の北朝鮮のことを聞くと、

「日朝国交正常化の最大の課題は過去の清算だ。単に植民地支配に対する請求権だけではなく、強制労働や慰安婦の問題などがある。北朝鮮の場合は、国の体制からいっても、問題はすべて一括して政府間の正常化に向けた話し合いの中で解決するんじゃないか」

などとスラスラ答えるのです。

ああ、この人たちにとって自国民である日本人慰安婦の存在はタブーになっているか、あるいは、はなから何も考慮していないのだなということが分かりました。前原氏の、安易に韓国にだけ何らかのサービスをしておけばそれで済むというかのごとき論調を聞いて、ふと10年以上前の記憶がよみがえった次第です。

民主党の政策決定の不透明さ　２０１１年10月14日

自民党の外交部会、外交・経済連携調査会、領土に関する特命委員会が開かれました。まず取り上げられたのは、民主党の前原誠司政調会長が２０１１年10月11日に韓国で、アジア女性基金を参考にした韓国の元慰安婦への新たな人道支援基金の構想を表明したことについてです。前原氏は割と事前調整も根回しもせずに思いついたことを口にする方なので、たぶん、そんなところだろうと思っていましたが、外務省の石兼公博アジア大洋州局審議官は、自民党議員らの質問にこう明言しました。

《**石兼氏**　現時点で検討していることではない。いま新しいものをつくることを考えていることはない。前原さんから相談を受けたこともない》

とりあえず、野田政権として正式に検討していることではないことが確認できました。だとしたら、前原氏の発言は日韓間にいたずらに悶着の種をまいただけの無意味な二元外交の典型といえましょうか。

また、実に興味深かったのが、韓国の憲法裁判所が8月、慰安婦問題をめぐる賠償請求権について「韓国政府が具体的な措置を取ってこなかったのは違憲」とする判断を示したという問題に関してのやりとりでした。以下、私がメモにとった範囲なので言葉は必ずしも正確でない部分がありますが、大意は合っているはずなので紹介します。

《**石破茂氏**　韓国の憲法裁判所で、個人請求権に基づいて韓国政府が日本に賠償を請求しないことは憲法違反だと判断したとされる。これによって、韓国政府はどういう立場に立つのか？

石兼氏　韓国の憲法裁判所の件は、慰安婦と原爆被害者が原告となり、韓国の外交通商部を相手取り起こしたもので、韓国政府に日韓請求権の解釈の違いについて協議しろという決定です》

もちろん、日韓間の請求権問題に関しては、14年間にもわたる難航を極めた交渉の末、1965年に締結された日韓基本条約とそれに伴う協定で「完全かつ最終的に解決」されています。ところが近年、韓国側はそれに含まれていない問題もあると言いだしているわけです。その点について、石兼氏はこう説明していました。

《**石兼氏**　請求権に関する韓国政府の立場は必ずしもはっきりしない。以前は解決済みというスタンスだったが、2005年あたりから「解決していない」という立場をとっている》

そして、韓国の憲法裁判所の判決についてさらにこう説明しました。

《**石兼氏**　韓国の憲法裁判所は「日韓で協議をしろ」と言っている。協議していない状態が

慰安婦らの基本権を犯しているということだ》

ここで、高村正彦元外相が面白い指摘を行いました。韓国政府は10月11日に国連の女性の地位向上について協議する第三委員会の場で、慰安婦問題を含む戦時性暴力に関するステートメントを出しています。その際、日本政府は「慰安婦問題についての請求権は協定で解決済み」と主張しました。これを踏まえ、高村氏はこう質問したのです。

《**高村氏**　向こう（韓国）が向こうの主張を言って、こっちは「解決済み」と言ったのだから、これは協議でしょ》

これに対し、石兼氏は「先方はそうは受け取らないと思います」と答えたのですが、高村氏はさらにこう述べました。

《**高村氏**　日韓双方が主張したのだから、協議でしょ》

石兼氏が「うーん」と言葉に詰まったところで、石破氏がこう引き取りました。

《**石破氏**　（日本は解決済みだと言い、韓国は憲法判断に基づき協議しなければならないのだから）これは未来永劫《えいごう》続くんでしょう。（韓国政府としては）止めちゃったらダメなんでしょょ》

結局、韓国憲法裁判所の判決の正確な位置づけと、それに対する韓国政府の法的立場、何をもって日韓協議とするかなどについて、外務省として改めて自民党外交部会に提示することになりました。

自民党の場合、こういう政策決定や意見集約の過程が民主党に比べはるかにオープンです。政策の党部会による「事前承認制」については、族議員の介入や政策決定の遅延を理由に否定的に見る議員もいますが、私はこの公開制は捨てがたいと思います。

自民党政権であれば、部会などで侃々諤々《かんかんがくがく》の議論を呼び、それがまたオープンにされているので記事になりやすく、国民的議論になりますが、民主党政権ではほとんど話題にならないまま決まっていく怖さがあります。

また、首相がぶらさがり取材を受けないので、こういう重要な問題について首相がどう考えているかを質す機会もありません。

韓国に入国拒否された新藤義孝議員に聞く　2011年10月15日

2011年10月6日の日韓外相会談でも、玄葉光一郎外相の李明博大統領の表敬の場でも、8月に韓国・鬱陵島《ウルルン》を視察しようとした自民党国会議員3人が入国拒否に遭ったという信じられないような非礼について、一切、話が出なかったことが確認できました。これが野田政権、というよりも民主党政権の外交姿勢の一端を表していることは間違いないでしょう。

そこで、入国拒否された1人である新藤義孝衆院議員（元外務政務官）に現在の日韓関係や、野田佳彦首相が10月18日の訪韓時に一部持参するとされる朝鮮王朝儀軌など朝鮮半島由来の古文書引き渡しについてどう考えるか聞きました。

《私　外交部会でも、首相の儀軌持参に反対していましたね。

新藤氏　今回の儀軌引き渡しの問題は、いわば日本外交の盲点を突かれたと考えています。日韓間ですでに解決済みの問題を、菅政権が日韓併合100年にあたってあえて蒸し返したところにも問題があります。

私　というと具体的にはどこに。

新藤氏　まず、この「図書に関する日本国政府と大韓民国政府との間の協定」は、相互協定と言いながら、日本から韓国に古文書を引き渡すばかりで、韓国側にも日本の歴史的古文書がかなりいっていることを、2010年11月の協定署名の数日前まで、外務省も含め日本政府側は誰も知らなかったのです。

私　随分とずさんな話ですね。

新藤氏　実は「対馬宗家文書」をはじめ10万点以上に上る日本の古文書が韓国に残っていることが分かりました。それなのに、日本側はそれの引き渡しを求めていない。完全な片務《へんむ》条約であり、幕末期の不平等条約並みです。私がこの事実を外務省に知らせたとき、担当者は

「本当ですか、まいりました」と言っていました。韓国にあるものも日本に引き渡すようでないと、「日韓両国間の文化交流及び文化協力の一層の発展を通じて、日韓両国及び両国民間の友好関係の発展に資する」という協定の趣旨が生かされません。

私　結局、日本は韓国にも引き渡しを求めることをしませんでしたね。

新藤氏　ええ、問題はさらにあります。この韓国古文書引き渡しはそもそも、昨年（2010年）8月の菅首相談話で「日本が統治していた期間に朝鮮総督府を経由してもたらされ、日本政府が保管している朝鮮王朝儀軌等の朝鮮半島由来の貴重な図書について、韓国の人々の期待に応えて近くこれらをお渡ししたい」と表明したことに始まります。

私　この菅談話に関しては、野田首相（当時財務相）は当初反対でしたが、仙谷由人官房長官（当時）に説得されて反対を引っ込めたのでしたね。

新藤氏　はい。それで、儀軌167冊を引き渡すことになったのですが、実はこのうち4冊は、古書店で日本政府が買ったものであり、由来が異なるのです。また、儀軌のほかに1038冊の古文書も引き渡すのですが、これもおかしな話です。韓国国会はこれまで、昨年（2010年）2月の「日本所蔵朝鮮王朝儀軌返還要求決議」などで儀軌を戻せと求めてきましたが、それはあくまで儀軌だけなんです。

また、韓国の聯合ニュースによると儀軌以外の古文書は、実は韓国統監府の初代統監、伊藤博文が日韓併合前に手に入れたもので、菅談話の枠に入っていないのです。これでは日本政府はおめでたいというしかありません。

私　日韓間で受け止めも違いますね。

新藤氏　日本側はこれを善意の「引き渡し」としていますが、韓国側ははっきりと「返還」と位置づけています。今年（２０１１年）５月13日には、ホテルオークラで大々的に「朝鮮王室儀軌　返還記念宴会」を開いているくらいです。しかも、この席には共産党や民主党の国会議員も出席しているのです。これを伝えた聯合ニュースは「日本で儀軌返還に努めた笠井亮・共産党議員に感謝牌を与えた」と書いています。「与えた」ですよ。

また、このときの韓国の権（哲賢）大使は「さらに多くの文化財が韓国に返還されるよう」とあいさつしています。韓国は国会決議では「『文化財の原産国返還』というユネスコ精神が責任感をもって実現されることを期待する」としています。そうであれば、韓国は日本から渡った文化財を返還しなければなりません。日本はその交渉を行うべきです。

私　日本政府は一方的に譲歩を重ねるばかりで、ピントが完全にずれていますね。

新藤氏　この３月の東日本大震災以降をみても、韓国の閣僚が５カ月間で６人も竹島に上陸して式典などを行いました。それまで着工が延期されていた竹島のヘリポート改修工事は、なんと震災直後に着工されました。竹島沖合わずか１キロの海域に新たに建設される地上15

階建ての海洋科学基地は4月に入札され、竹島には大桟橋もできます。定期観光船も就航しています。

私　日本の弱腰をみて、どんどん攻め込んでいますね

新藤氏　8月にわれわれが入国拒否された件でも、われわれは韓国側に「その法的根拠と今後の運用について見解を示すように」と求めていますが、一切答えはありません。ことごとく韓国側は日本の国民感情を逆なでする行為を続けているのです。儀軌にしたって、日本は約束をきちんと履行しているのに、日本の主張には一切耳を貸さないという態度です。

それなのに、野田首相が訪韓に際し儀軌を持参するとなれば、韓国側に「これでいいのだ」と誤ったメッセージを送ることになります。

私　日本外交はこのところ負け続けです。

新藤氏　しかも、それが政権交代後のこの2年間に起きているのです。民主党政権は韓国に対し、まず竹島について「不法占拠」という言葉を使いませんというメッセージを送りました。前述のヘリポート工事の計画は2008年からあったものですが、自民党政権のときは一切触らせなかった。

それが政権交代後は、韓国が何をやっても「抗議しない」「抗議しても明らかにしない」「国民に知らせない」でどんどんつけ込まれています。領土や国家主権についてきちんと主

張しない国は、誰からも信用されないのです。
尖閣諸島沖の中国漁船衝突事件での中国の強硬姿勢も、私は民主党政権の竹島への対応を見てのことだというのは間違いないと思っています。ロシアも、これを見てメドベージェフ大統領が北方領土初訪問に踏み切り、さらに中国と歴史認識を共有すると言い出した。
この前、韓国の国会議員が国後島へ行った際もロシアは特別な便宜を図りました。気がついたら、中韓露による日本包囲網ができている。にもかかわらず、野田首相がいそいそと儀軌を抱えて持っていくというのですから……。

私　悪循環にはまっていますね。

新藤氏　儀軌の話に戻ると、日本にある儀軌は別に強奪したものではありません。そもそも総督府から宮内庁へと儀軌が渡ったのも、朝鮮王族を日本の皇族と同様に差別なく扱いたい、そのためにも朝鮮王族の儀礼を知るべきだという天皇陛下のお考えがあったといいます。
一方、例えばフランスは韓国の儀軌を強奪したにもかかわらず、17年間もの韓国との交渉の後、返還はしないと決めました。期限付き貸与としたのです。

私　日韓関係を正常にするにはどうしたらいいとお考えでしょうか。

新藤氏　実は、8月に我々が入国拒否された後、韓国の与野党代表団の竹島視察が「天候不良」により中止されました。その後、誰1人として閣僚も国会議員も竹島に渡っていません。

少なくとも私の知る限り。やはり、それなりのくさびはきいているということでしょう。何も私たちはナショナリズムを煽《あお》ろうなどとは考えていません。ただ、韓国とはきちんともめるべきはもめて、本当の話し合いをしてこそ本当の友人になれるのだと考えています。今までは、ケンカをする前に贖罪《しょくざい》意識をもたされ、謝罪しながら外交をしてきました。ですが、私たちは本気で韓国と付き合う、だから嫌なことも言うよ、という誠実な外交に切り替えていかなければならないと考えています》

正直なところ、自民党政権時代の外交にも多々不満はありますし、そのたびに批判してきましたが、もうそういうレベルではなく、日本の地盤が地滑りして崩れていくようなこの民主党外交を思うと空恐ろしくなります。

「不法占拠」と言わない法相　2011年11月2日

韓国が不法占拠している島根県隠岐の島町竹島に関する問題と、政治家の言葉について考えてみます。

ご存知の通り、民主党政権は岡田克也元外相も枝野幸男前官房長官も現在の藤村修官房長官もみんな、この「不法占拠」という言葉を使いません。韓国が竹島を不法占拠していることは事実であり、外務省のホームページもそう記しているのですから、「不法占拠」は正式な政府見解です。

にもかかわらず、韓国を刺激することを過剰に恐れて、いつも「竹島は法的根拠のない形で支配されている」という、言葉の置き換えで逃げています。この姑息な置き換えにどれほどの意味があるのかも疑問ですが、私はこれまで、とにかくそれが民主党政権のやり方なのだと理解していました。

ところが、自民党の「領土に関する特命委員会」を取材していたところ、稲田朋美衆院議員が興味深い発言をしていました。稲田氏は野田内閣のあり方についてこう証言したのです。《民主党政権になって「不法占拠」という言葉が消えた。私は衆院法務委員会で竹島の占有状況の法的な問題について平岡秀夫法相に質問したが、平岡法相は「法的根拠なく」ということも言えなかった》

これについては、出席していた外務省の石兼公博アジア大洋州局審議官も「法務委での平岡法相の答弁を確認したい」と驚いた様子でした。さすがは、民主党内でも「最左派」と言われる平岡氏です。

その法務委でのやりとりは承知していなかったので、早速、議事速報を取り寄せて確認しました。質疑は2011年10月25日に行われたもので、おおよそ次のようでした。（一部略）

平岡氏は竹島について、我が国の領土であるという立場は一貫しているといいつつ、言を左右にして逃げまくっています。

《**稲田氏**　竹島は韓国が不法占拠している、それでいいか。

平岡氏　韓国の今の状況については、ちょっと私自身、今ここで明確に申し上げられる状況ではない。

稲田氏　これは我が国固有の領土を韓国が不法占拠している、それでよろしいねという質問です。

平岡氏　不法占拠ということ自体が、ある意味では非常に政治的に意味合いを持った言葉なので、私自身がここでその問題についてこうだというふうに申し上げるのは適当ではないと思う。

稲田氏　外務省の資料には、韓国が不法占拠していると書いてある。これは政府の見解だ。どうして法相が韓国が不法占拠していると言えないのか。

平岡氏　外務省が責任を持って答える立場だと思うので、私からはこれ以上言うつもりはない。

稲田氏　法相なんだから、不法か合法か判断できるでしょう。

平岡氏　外務省で整理している問題だから、外務省が責任を持って答えるべき問題だと思う。

稲田氏　大臣の意見を聞いている。日本の大臣だったら、それぐらい自分の言葉で答えられるでしょう。韓国が不法占拠している。これでいいか。

平岡氏　私は国務大臣という立場から、政府の見解と一にするものだと申し上げている。

稲田氏　では質問をかえる。韓国の占有に法的な根拠はあるか。

平岡氏　その問題について責任を持って答えるべきは外相、外務省だと認識している。私としては政府の見解に従った考え方をとっている。

稲田氏　少なくとも江田五月前法相は「法的根拠なく占有している」ということは言った。それはすなわち不法占拠と同じ意味だが、民主党政権になってなぜか不法占拠という言葉を使いたくない。弱腰だから。しかし、江田氏ですら「法的根拠なく」ということは認めたんですよ。それすら認められないあなたに法相の資格は全くない》

平岡氏は本当に、頑なに「不法占拠」どころか「法的根拠なく」も使いませんでした。あるいは本心では、閣僚でなければ韓国側に立ちたいのかもしれないと疑いたくなるほどです。そもそも、法の適正執行より自分の心情を優先して死刑を執行しない、政府の公式見解は口に出せない、という法相とは一体なんなのか。

「対日穏健派大統領のうちに」という見誤り　2011年12月15日

2011年12月15日、自民党の石破茂前政調会長と新藤義孝衆院議員が首相官邸と外務省をそれぞれ訪れ、藤村修官房長官と玄葉光一郎外相に、自民党の「領土に関する特命委員会」による「日韓首脳会談に関する決議」を手渡しました。決議の内容は以下の通りです。

《本日（2011年12月14日）午前、韓国ソウルの日本大使館前に「いわゆる慰安婦」の銅像と石碑が設置された。この問題については、わが党においてもたびたび政府に対し、「外交努力により建設を中止するよう働きかけよ」と指摘をし続けてきた。しかし、今週末に李大統領が来日する直前に、韓国側は設置を強行した。誠に遺憾であり、日韓関係に非常に悪い影響を与えることを憂慮するものである。

政権交代以降、日本外交は、韓国に過剰に配慮するあまり、あまりに一方的でエスカレートするばかりの韓国側の行動を押さえることができない状態となっている。竹島問題をとってみても、閣僚・国会議員の上陸、新たな施設建設、防波堤建設、海洋科学基地建設、海洋調査計画、ファッションショーやコンサートの開催等、枚挙のいとまがない程の既成事実が積み重ねられようとしている。

これら韓国側の一連の行動は、我が国国民の心情を逆なでするものであり、「未来志向の日韓関係」の進展を著しく阻害する行為である。
前述したように、今週末、李大統領が来日して、日韓首脳会談が開催される。この場において、野田総理がどのような対応を取るか、国民の注目が集まるのは必至である。よって政府に対し下記の点を申し入れる。

記

1．今週末の日韓首脳会談においては、野田総理には毅然とした態度で、いわゆる慰安婦の像及び石碑建設に対する抗議及び撤去の申し入れを行うこと。
2．首脳会談では、併せて竹島に関する新たな計画や施設建設及び周辺海域での海洋調査等、韓国側の一連の行動に関し、強く抗議するとともに中止を申し入れ、この問題に関する日本政府と韓国政府の協議の場を設置するよう強く求めること。
3．外務大臣は、日韓首脳会談の前に一連の件につき韓国側に抗議を行い、その結果と事実関係の経緯を記者会見等で国民に公表すること。
以上、決議する》
至極もっともな要請であると思います。石破氏と新藤氏によると、これに対し藤村氏は「総理に間違いなく伝える」と答え、玄葉氏は「よく考えてどういう対応をとるのか検討する」と回答したとのことでした。これを野田佳彦首相と玄葉氏がどう判断するか。

石破氏は記者団にこんなことを語っていました。

《**石破氏**　ソウルの日本大使館前に設置されたいわゆる慰安婦の像は、ウィーン条約（第22条で、「加盟国は自国内の外国公館の安寧の妨害や威厳の侵害を防止する措置を取る義務を負う」と定める）違反のものであり、日本として撤去を強く申し入れるべきだ。

今週末の日韓首脳会談で、野田首相から、我が国の尊厳を傷つけられているのだから、強く抗議と撤去を申し入れろと言った。しかも像は無許可だという。法治国家として適切な措置を取るよう、我が国の最高責任者である首相に言ってもらいたい。そうしないと既成事実化してしまう。

玄葉氏からは「よく考える」とのことだった。真摯な対応ではあった》

そのうえで、新藤氏はこう補足しました。

《**新藤氏**　これだけ屈辱的な行為を受けて、首脳会談で何ら反応しないとなると、それは韓国側の行為を受け入れることになる。外相が記者会見して国民にコメントを出すべきだ。そして首相が、大統領にはっきりと抗議して撤去を申し入れるべきだ。これに反応しなかったら、完全に韓国に誤ったメッセージを送ることになる。それは韓国にとっても不幸なことだ。

玄葉氏は「よく考えてどういう対応を取るのか検討する」と述べていた》

野田首相の10月の訪韓時には、来年（２０１２年）で任期が切れる李大統領はすでに政治的に「死に体」と言われていたわけです。その李大統領が比較的対日穏健派だということで、任期中に関係改善を進めようと焦って朝鮮王朝儀軌の贈呈などいろいろとサービスしたあげく、この仕打ちだということです。

以前、ある外交官に、「仮に李氏がふだんは反日的言動をとらない比較的まともな相手だとしても、もうすぐ消える大統領にいくらサービスしてもあまり効果はないのではないか」と聞いたところ、彼は「もうすぐ消えるからこそ、次の大統領になっても後戻りできないように今のうちに進められるところは進めておくんだ」と述べました。

その言い分は分からないでもないのですが、結局、李氏にしたところで韓国のマスコミ主導の反日世論には逆らえないわけです。しかも、ソウル発の共同電によると、李氏側から日韓首脳会談で慰安婦問題を取り上げると韓国政府当局者は述べているそうです。

これはもちろん、日本側の主張に耳を傾けるという意味ではなくて、韓国側がすでに日韓基本条約とそれに伴う協定で「完全かつ最終的に」解決済みである賠償問題を再び持ち出すという意味でしょう。さて、野田首相はどんな態度で臨むのか。

慰安婦問題は低レベルの「善意」の結果　2011年12月18日

2011年12月18日、日韓首脳会談が行われ、そのかなりの時間がやはり慰安婦問題に費やされたようです。もう詮ないことですが、だから言わんこっちゃない、とそんな気分です。いつまでこんなことを繰り返す気なのか。

民主党政権の中枢には、野田佳彦首相をはじめ「李明博大統領は今までの大統領とは違うんだ。慰安婦問題を提起することはしないと言っている」と、ナイーブにもそんなことを主張する人たちがけっこういたわけですが、結局、裏切られました。

これは当たり前のことです。かの国の政権は、立場が弱くなり、レーム・ダック化すると、韓国マスコミに受けのいい「日本たたき」に走ります。それはもう、マンネリの王道とも、黄金パターンともいえるほど毎度のことです。

外交はあくまで内政の延長線上にありますから、当然、李大統領も、そのレール上を走らざるを得ないわけです。

大体「李大統領は違う!」なんて、他国に対してそんな幻想だか希望的観測だかを押しつけたところで、相手だって迷惑なだけでしょう。まして、彼はもうすぐ交代するわけですから、国内の反発を覚悟してまで日本をかばったり、公正な立場で接したりすると思うほうがおかしい。

この期に及んで、野田首相や前原誠司政調会長らは「人道的見地で知恵を絞りたい」などと言っているわけですが、もはや「人道的」うんぬん言っている場合ではないでしょう。そのような事実関係も史実も無視して相手の気持ちも尊重しなきゃ、という低レベルの「善意」が、日韓関係も世界における日本の地位もおかしくしてきたのです。

そもそもを振り返ると、韓国側から、「元慰安婦の尊厳を認めてくれ。そうしたら騒ぎは収まる」と強く要請されて、証拠もないまま河野談話を出したら、かえって騒動は大きくなりました。それどころか日本は世界で「性奴隷国家」だと認知されてしまいました。

また、戦後の請求権問題はすべて解決済みだけど、なんとか善意を示して理解を得たいと社会党の村山富市首相を中心に進めたアジア女性基金は、肝心の韓国で拒否され、国民からの募金もあまり集まらず、自己満足と自己憐憫《れんびん》のうちに幕を閉じました。

そして李大統領は今回、在韓日本大使館前の慰安婦像の撤去を約束するどころか、日本側の対応次第で第二、第三の慰安婦像が建つこともあると脅しまでかけてきたわけです。

日本にとって、経済的にも地政学的にも韓国が重要な国であることは言うまでもありません。協力できることはどんどん協力すればいいと私も思います。

ですが、日本が一方的に譲歩を重ねて相手の暴挙に目をつむり、刺激しないようにして「仲良くしてね」という姿勢を示したら、いつか相手も分かってくれる、振り向いてくれるというのは幻想、そして甘えでしょう。そんな人間は誰にも信用されません。ここ2年余りの民主党政権は、極端に言うとそんなことばかりしてきました。

別に韓国とケンカしたり、断交しろというのではありません。冷静に、相手に正しい史実を伝えることをもっと真剣にやれ、と言いたいのです。なかなか相手が受け入れなくても、相手以上にしつこく言い続け、一切折れないということをやってほしい。

以前、ある外交官は「竹島問題について韓国の官僚と議論すると、最後は相手が『これはわれわれ韓国人の魂の問題だから』と言ってきて話にならない」と言っていましたが、そのときに引き下がるのでなく、あくまで冷ややかに、執拗に日本の主張を続けるべきでしょう。

「沖縄県民斯く戦へり」の大田中将と野田首相　2012年2月26日

就任後、沖縄を初訪問した野田佳彦首相は、先の大戦・沖縄戦の沖縄特別根拠地隊司令官、大田実海軍少将（死後に中将）が自決した海軍司令部壕跡を訪れました。大田氏が自決1週間前の1945（昭和20）年6月6日、ここから「沖縄県民斯く戦へり。県民に対し後世特別の御高配を賜らんことを」と海軍次官宛に電文を送ったことを重視してのことです。

私はこの壕跡訪問を評価します。ただ、このことの意味は軽くありません。これは、野田首相が自ら沖縄に対し、その功に報いて特別の配慮をすると約束したことになるからです。私は、何の腹案もないまま「最低でも県外」と口走った鳩山由紀夫元首相や、副総理時代に安易に「沖縄は独立したほうがいい」と放言した菅直人前首相と同様に、野田氏も沖縄に対して本当は関心を抱いていないのではないか、米軍普天間飛行場移設問題も実はとうに諦めているのではないかと疑っていました。

しかし、大田中将の名前を口に出した以上、いかなる形であっても、沖縄問題にもっと真剣に、徹底的に取り組む責務が生じたと思います。沖縄県民の奮闘をねぎらい、その労と犠牲に報いることを願って自決した大田中将を持ち出した以上、逃げてはいけません。

実は、今回の海軍司令部壕跡訪問は野田首相自身の発想ではなく、ある人からの助言、強い勧めによるものであることは事前に聞いていました。でも、それに頷いて行った以上は、それ相応の覚悟を示してほしいと思います。

大田中将の言葉を重視した首相と言えば、故小渕恵三元首相がすぐに浮かびます。小渕氏のエピソードに関しては、私は2008年5月6日付の産経新聞のサミット特集紙面にこんな記事を書いているので参考までに掲載します。

《沖縄開催　首相動かした「言葉」

日本でのサミット開催地は平成5年までの3回とも東京だった。首都以外にすると、各国首脳の移動や警備などで大きな労力が必要となるためだ。5年の開催地は当時の外相、渡辺美智雄がオープン間もない千葉・幕張を検討したが、官僚が「労力が倍以上になる。絶対につぶす」（外務省幹部）と抵抗し、東京に落ち着いた経緯もある。

これに風穴を開けたのが、11年4月に九州・沖縄でのサミット開催を決断した当時の首相、小渕恵三だった。開催地に立候補していたのは北海道、千葉県、横浜市、大阪府、広島市、福岡市、宮崎県、沖縄県の8自治体。実は沖縄県は、外務省や警察庁が宿泊、交通、警備の問題などを検討した結果、最も低い評価だった。沖縄に米軍基地が存在することも、各国首脳が集う場所としてふさわしくないとの見方もあった。

これらマイナス材料をはねのけ、小渕が沖縄開催にかけたのはなぜか。小渕は早大の学生時代に沖縄返還運動に携わったり、米施政権下の沖縄に渡航し、地元経済界の重鎮で沖縄サミット開催時の知事、稲嶺恵一の父である一郎氏の知遇を得たりと、沖縄には深い縁がある。初入閣も昭和54年の総理府総務長官兼沖縄開発庁長官としてだった。

それ以上に、小渕には先の大戦で米軍との過酷な地上戦の現場となり、戦後も長く米国の施政権下にあった沖縄に報いたいという熱い思いがあった。

「小渕が最後まで考えていたのは、大田中将の〝あの言葉〟だった。小渕はこれを重くとらえていて、沖縄への恩返しという意味もあった」

こう証言するのは、小渕と長年にわたり共に歩み、小渕の首相時代に政務秘書官を務めた古川俊隆だ。大田中将の言葉とは、沖縄特別根拠地隊司令官だった大田実少将（死後に中将）が自決の1週間前の昭和20年6月6日、海軍次官あてに送った次の電文だ。

〈沖縄県民斯（か）ク戦ヘリ　県民ニ対シ後世特別ノ御高配ヲ賜ランコトヲ〉

この言葉を胸に刻み、小渕は昭和天皇の誕生日である平成11年4月29日、諸条件で他の候補地に劣る沖縄をあえてサミット開催地に決定した。サミット開催による経済効果とともに、沖縄が世界の注目を集めることを考慮しての決断だった。

決定直後、古川が沖縄県内の小渕後援会幹部らに電話で連絡すると、「相手は一様に『本当ですか』『まさか』と、喜ぶより先に驚いていた」という。

小渕は同年9月、アジア太平洋経済協力会議（ＡＰＥＣ）首脳会議のため訪問したニュージーランドで、同国に在住する大田中将の四女、昭子さんに会い、「大変苦労された沖縄県民の方々のためにも来年、沖縄でサミットをやると決めたことは間違いではなかった」と語りかけた。

さらに「気配り」で知られる小渕は、沖縄での開催を米クリントン政権がどう受け止めるかを気にかけ、当時の海老原紳秘書官（現駐英大使）を中心に、極秘裏に米側の意向を探るとともに、複数のルートから周到な根回しを行い、沖縄サミット実現にこぎ着けた。

だが、小渕自身は12年4月2日、脳梗塞で倒れ、5月14日に死去し、沖縄サミットを自らの手で主催することはできなかった。代わってサミット議長を務めた後任首相の森喜朗は、サミット後の所信表明演説でこう語った。

「小渕前総理が万感の思いを込めて開催を決定された九州・沖縄サミットで、（中略）沖縄から明るく力強い平和へのメッセージを発出し、21世紀の扉を大きく開けることができた」》

小渕氏はコンセンサス重視型の政治家の代表例として知られていますが、ここはという時は、自分の信念を押し通し、譲りませんでした。もとより、小渕氏には小渕氏の利害や計算もあったでしょうが、それはとりあえずおいておきます。

また、当時は橋本政権、小渕政権と首相も閣僚も沖縄に対する思い入れが強い人が多かったのも事実です。私自身もこの頃、何度も沖縄に出張する機会があり、普天間移設反対派の名護市議を訪ねたところ、取材というよりも2時間半にも及ぶ本音のやりとりになったことがあります。

私が、「いろいろと足らざる点や不満はあろうが、現在の小渕政権で進めないと次以降、これだけ沖縄を重視し、関心を持つ政権はなかなか現れないと思う。ここで取れる成果を取ったらどうか」という趣旨のことを縷々《るる》述べたのに対し、本土で暮らしたこともある相手は「それは分かっているが、沖縄の県民感情としてどうしても受け入れられないものはある」と反論し、議論は平行線をたどりました。ただ、印象としては議論のたたき台、共通土台はあると感じました。

ごく当たり前のことですが、反対を唱える人にもそれぞれさまざま事情もあるし、反対といっても100％そうかというと必ずしもそうではありません。感情のもつれも利害関係もあれば、引き際を計算する部分もあります。そういう機微な問題を、ガラス細工を積み上げるようにして何とかことの成就寸前まで持っていった先人の努力を、知識も根拠も見識もない「最低でも県外」でぶちこわした人の罪はいかばかりか。

その後継者たる野田首相には、まずは鳩山、菅両元首相の対応への批判と総括を行ってほしいものですが、無理でしょう。

「河野談話」の大罪　2012年3月27日

2012年3月26日、参院予算委員会で、自民党の山谷えり子氏が韓国による「国際慰安婦宣伝活動」について質問していました。何の根拠もなく、裏付けもとらずに元慰安婦女性からの聞き取り調査だけで慰安婦募集時の「強制性」を認めた河野洋平官房長官の罪深さに改めて悲しくなりました。

玄葉光一郎外相はこの日の答弁で、この河野談話を根拠に「証拠は出ていないけれど、ただ否定はできない」と述べましたが、この談話は日本政府の手かせ足かせとなっているだけでなく、現状追認の言い訳材料ともなっているわけです。以下、予算委でのやりとりです。

《**山谷氏**　米ニュージャージー州に設置されたいわゆる従軍慰安婦記念碑に刻まれているものについて、軍と下半身というのは、いつの時代でもどこの国でも大変悩ましい問題だ。歴史に対して謙虚でなければいけないが、しかし事実でないことにはきっちり説明、発信していかなければならない。首相、恐縮だが、外務省の仮訳を4行ほど読んでほしい。

玄葉氏　仮訳をそのまま読めということなので、そのまま読むが、「1930年代から45年までの間、日本帝国政府の軍によって拉致された20万人以上の女性と少女を記憶にとどめ、慰安婦として知られる彼女たちは、誰も見過ごすべきではない人権の侵害に耐えた、我々はこのような人類に対する罪の恐ろしさを忘れまい」というふうに記されている。

この碑が建ったということについて、我々もしかるべき関係者の皆さんに申し入れを行った。この碑は、1万7000人くらいの町だが、3分の1は韓国系であると。全米で一番多い町だ。だから、これから引き続き状況を注視しながら適切に対応したい。

山谷氏　総理に聞く。日本帝国政府の意によって拉致された20万人以上の女性と少女が、軍によって拉致されたのは事実か。

野田氏　日本政府の軍によって拉致された20万人以上、こういう数値とか経緯とか含めて根拠がないのではないかと思う。

山谷氏　ワシントンにロビイストがいないのは日本だけ。韓国は精力的にやっている。外交戦略の中できっちりと事実を説明していく外交を。

ソウルの日本大使館前に作られた平和の碑という少女の像だが、文章はこうなっている。

2011年12月14日、日本軍性的奴隷問題を解決するための水曜デモが1992年1月8日に日本大使館前で最初の集会を行ってから1000回目を迎えた。この平和の碑は、水曜デモの精神と深い歴史を記念して立っているものだと。水曜デモには民主党の国会議員も入れ代わり立ち代わり参加している。

民間事業者が当時、一般誌にも広告を出して慰安婦募集、月給はいくら、行き先はどこ、年齢はこれくらいというようなことはあった。しかし、拉致、アブダクションということもなかったし、セックススレイブということはなかった。ジャパニーズ・ミリタリー・セクシュアル・スレイバリーって、こういうのはあったのか、総理答えて。

野田氏　経緯とか実態については、いろんなお話があるが、このことが正確なことを記されているかというと、大きく乖離《かいり》しているというふうに思いますし、この碑を建てたことについては、大統領にも早く撤去するように私のほうからも要請した。

山谷氏　だが、大統領は昨年（註／２０１１年）12月17日、京都の日韓首脳会談で第二、第三の像ができるぞと。どう説明したのか。

野田氏　相手の大統領が、この慰安婦の問題についての懸念を私に伝えたことは事実だが、どれぐらい何を言ったかはコメントを控えたいと思うが、我が国は法的にはもう決着しているとの立場は明確に伝えている。

山谷氏　法的に決着しているというのは、１９６５年の日韓基本条約のことだ。しかし、道義的にはどうかということで、アジア女性基金がつくられて女性にお金をお渡しできた。歴代総理は何代も謝罪している。この認識は同じか。

野田氏　一貫して１９６５年の日韓基本条約で法的な立場はもう決着していることは歴代政権が申し上げてきている。その上で、一つの考え方、人道支援としてアジア女性基金、かつての政権下の中で民間の協力もいただいてつくり、今もそのフォローアップをしてきていることは事実だ。

山谷氏　軍や官憲の強制的連行の資料は見つからなかった。平成９年の国会答弁で内閣官房外政審議室長が言っている。平成19年の政府答弁もそうだ。今の野田内閣も同じか。

玄葉氏　基本的に政府がかつて調査をした、その調査結果を基本的に踏まえていると。おっしゃるように、証拠は出ていないけれど、ただ否定はできないということだと思う。
山谷氏　証拠は出ていない、どういうこと？
玄葉氏　河野官房長官談話は、どういうことを書いているかというと、慰安婦の募集は軍の要請を受けた業者が、主としてこれにあたったが、その場合も甘言、強圧による等、本人たちの意思に反して集められる事例が数多くあり、さらに官憲等がこれに加担したこともあったことが明らかになったと。当時の朝鮮半島は我が国の統治下にあり、募集、移送、管理等も甘言、強圧による等、総じて本人たちの意思に反して行われたというふうに河野官房長官の談話には記してあると承知している。
山谷氏　証拠はないが否定できない、なんておかしな答弁しないで。いろんな大臣をつくるなら、国家名誉回復担当大臣でもつくれば。
玄葉氏　政府の基本的な立場は、河野官房長官談話の通りだ》
それにしても、「日本軍による20万人以上の拉致」とは。こうした荒唐無稽な戯れ言も、100遍繰り返されると何となく本当のことであるかのように勘違いする人がたくさんいるから警戒しなければなりませんが、あまりにもデタラメです。
韓国の李明博大統領が2012年3月21日、朝日新聞などのマスコミと会見した際の記事

（3月22日付『朝日新聞』）によると、李氏は解決済みの慰安婦問題を蒸し返す根拠について、こう主張したそうです。

《日本政府の立場の根拠となっている1965年の日韓請求権協定の締結時には「慰安婦問題は明らかになっていなかった」と……》

これはすでに多くの人が指摘していることですが、当時の朝鮮半島は日本の一部でした。そこで、もし20万人以上の少女や女性を軍が拉致していたとしたら、その記録文書が一切ないというのはありえない話です。

また、それ以上に李大統領が言うように「明らかになっていなかった」だけだとしたら、朝鮮半島の人たちは、同胞の少女や女性が20万人以上も軍に強制連行されても気づかなかったか、全く知らんぷりして日韓基本条約が結ばれるまでの戦後20年間も全く関心を持たなかったか、ということになります。そうだとすれば、韓国や北朝鮮にとって国恥ものでしょう。どうしてそれに気付かないのか。

丹羽駐中国大使起用の実害　2012年6月8日

「知らない。言わしておけばいい」

東京都による尖閣諸島の購入に対して、英紙フィナンシャル・タイムズのインタビューで、「実行されれば日中関係に重大な危機をもたらすことになる」と批判した丹羽宇一郎駐中国大使の発言に対し、石原慎太郎都知事は2012年6月7日、不快感を隠さずにこう言い放った。

藤村修官房長官は記者会見で、丹羽氏の発言について「政府の立場を表明したものでは全くない」と否定。山口壮外務副大臣も「発言は非常によくない。必ずしも適切ではない」と苦虫をかみつぶした。

丹羽氏をめぐっては、今回のフィナンシャル・タイムズ紙インタビューに先立つ5月4日にも、訪中した横路孝弘衆院議長と李建国全人代常務委員会副委員長との昼食会に同席し問題発言をしていたことが7日、分かった。

丹羽氏は李氏に対し、日本国内で石原都知事による尖閣諸島の購入表明を支持する意見が多数を占めることについて、「日本の国民感情はおかしい」と述べていた。複数の横路氏同行筋が明かした。

丹羽氏はこの際、「日本は変わった国なんですよ」とも語っていたという。

横路氏同行筋の一人はこう振り返る。

「あの人は中国べったり。外交官じゃなくて商社マンだ。重視しているのは国益か社益か分からない」

だが、丹羽氏が「中国最強商社」を自任し、対中ビジネスに社運をかけている伊藤忠商事の社長経験者であることは、就任前から懸念されていたことだ。

その丹羽氏を「政治主導」の象徴として、民間から初の中国大使に起用したのは民主党政権だ。野党からは当然、「その大使の言動について民主党の責任は免れない」（自民党の世耕弘成参院議員）と任命責任を問う声が出ている。

外交・安全保障の門外漢であり、出身会社を「人質」にとられた形の丹羽氏の起用は、「日本は領土問題を含む政治的課題よりも経済関係を重視する」というメッセージとして中国に受け止められていた可能性すらある。

実際、丹羽氏はすでに役割を終えた対中政府開発援助（ODA）を日中関係改善のため

「続けるべきだ」と主張するなど、中国側の意向に配慮を示す例が目立つ。こうした不規則発言の連続に、これまで丹羽氏を守ってきた外務省内からも「伊藤忠が中国にモノを言えるわけがない」（幹部）と冷めた声が聞こえる。

丹羽氏起用を主導した岡田克也副総理も今では丹羽氏が大使として機能していないことを暗に認め、周囲に「政権交代のコストだ」と漏らしているという。

結局、外交の重要性をわきまえない民主党政権のあり方が、専門家でも何でもない民間人の駐中国大使起用というパフォーマンスを生み、今や深刻な実害を招いている。

常軌を逸する丹羽氏の売国発言　２０１２年６月20日

野田内閣は２０１２年６月19日、東京都による沖縄・尖閣諸島購入計画を批判した丹羽宇一郎駐中国大使について、「召還、処分等の措置をとることは考えていない」と免責する答弁書を閣議決定しました。

一方で、丹羽氏の発言を「政府の立場を表明したものではなく、不適切であった」としているのに、処分はしないと明言しているのですから矛盾しています。外交筋は「大使の公の発言が個人的見解などということはありえない」と明確に述べていますが、野田内閣としてはなあなあで済ませたいようです。

丹羽氏の中国大使起用は、岡田克也副総理が「政治主導」で進めた話でもあり、丹羽氏は「岡田銘柄」（民主党中堅議員）ということもあるでしょう。ここで丹羽氏を処分したり更迭したりしたら、岡田氏に恥をかかせることになるという、国民にとってはどうでもいい計算も働いたことだと思います。

丹羽氏の出身母体は「中国最強商社」を自任する伊藤忠商事ですが、「伊藤忠は中国で仕入れた食料をイオンにおろしている」（外務省筋）という関係もあるのかもしれません。いずれにしろ、民主党政権の対中姿勢を如実に表している話ではあります。

今回は、雑誌『ＷｉＬＬ』２０１２年7月号に載っていた作家の深田祐介氏の記事から、丹羽氏にまつわる部分を引用して紹介しようと思います。思わず目を疑うようなエピソードです。こういう人を中国大使にしようと考えた岡田氏の見識を改めて疑いますが、もともと彼らに見識など求める方が無理かもしれません。

《私（註／深田氏）は改めて、現役中国大使、丹羽宇一郎氏に取材面談したときの驚愕と憤激を想い起した。

当時、丹羽現中国大使は日本の一流商社、伊藤忠商事の役員であったが、中国熱に浮かされ、ほとんど発狂に近い陶酔状態にあった。丹羽氏は私に向かい、「将来は大中華圏の時代が到来します」と言い切ったのだ。

「すると日本の立場はどうなりますか」と私は反問した。「日本は中国の属国として生きていけばいいのです」。丹羽氏は自信に満ちてそう明言したのだ。瞬間、私は耳を疑い、「この人は痴呆症の段階に入っているのではないか」と思った。

「日本は中国の属国にならなくちゃならないんですか」と私が聞き返すと、「それが日本が幸福かつ安全に生きる道です」と繰り返したのである。

こういう痴呆症的人物、つまりは「売国奴」を中国大使に送りこむ日本側の感覚もまた痴

呆的で、発狂状態を物語っているといってよい》

深田氏ではありませんが、この丹羽氏の発言は常軌を逸している、まともではありません。民主党政権は、こんな人を中国大使に据えることでどんな国益の増進が図れると考えていたのでしょうか。

丹羽氏に関しては、『Ｗ・ｉＬＬ』編集長の花田紀凱氏も6月21日付の『夕刊フジ』コラムで、２０１１年3月に北京の日本大使館で面会した際のやりとりをこう記しています。これまたひどいものです。

《丹羽大使、その時もとんでもないことばかり口走っていた。

南京大虐殺について。

「死者の数は30万人だか20万人だか10万人だかそれはわからない。争えば両国にとって損」

台湾について。

「台湾独立なんてとんでもない。絶対にあり得ません」

尖閣漁船衝突事件。

「マッサージに行っても、中国の庶民は尖閣のセの字も言わない。関心もってませんよ」

ＯＤＡについて。

「どんどん削ってるけど、たいした額じゃないんだから、続けるべきです」》

聞くところによると、丹羽氏は個人的にはけっこうお金に細かいらしく、就任直後には本来、大使が個人で負担することになっている公邸料理人の給与などについても、「なんとか公費でもてないか」と随分ごねたという話も漏れ伝わっています。

この丹羽氏の評判の悪さに、岡田氏も周囲に「政権交代のコストだ」と漏らしたそうです。そんなに無邪気に、ア・プリオリに政権交代を無条件に善にして義だと肯定されても困るというものです。

▼韓国大統領竹島上陸を招いた甘い幻想　2012年8月11日

これこそ民主党政権の甘い幻想が招いた、内閣総辞職、いや「政権奉還」ものの大失政ではないか。

韓国の李明博大統領が2012年8月10日、竹島に上陸したことで、鳩山、菅、野田の歴代民主党内閣が韓国に抱いた期待は完全に破綻した。民主党政権はこれまで、政府の公式見解にもかかわらず、韓国による竹島の「不法占拠」という表現を封印し、韓国側の歓心を買おうとしてきたが、結局は片思いに終わり、それどころか我が国の主権を深く傷つけた。

「李大統領は、今まで日本カードを使わない大統領だと思っていたが……」

民主党の前原誠司政調会長は10日、記者団にいらだちをみせた。歴代韓国大統領は任期末になると政権浮揚のため日本批判を強めてきたが、「李氏はこれまでとは違う」（野田佳彦首相）と勝手に思い込み、現実から目をそらせていた。

「韓国内はぐちゃぐちゃ。李氏のお兄さん（李相得・前国会議員）が逮捕されて、本人も危ないって言われているわけでしょ」

閣僚の1人はこう解説し、外務省政務三役は「日本の政治は三流といわれるが、韓国はそれ以下、四流だな」と突き放す。確かに、今回の竹島上陸に政治的パフォーマンスの側面があるのは事実だろう。

とはいえ、歴代大統領は政権末期でもここまで日本を軽んじず、竹島上陸という禁じ手は使わなかったのも事実だ。自民党は10日、「韓国に不必要な謝罪談話を出すなど誤ったメッセージを発信し続け、行き着いた果てが今回の事態」とする声明を発表したが、これは正鵠《せいこく》を射ている。

鳩山内閣での中国の習近平国家副主席と天皇陛下のルールを無視した特例会見、菅内閣での中国漁船衝突事件における中国人船長の超法規的釈放、ロシアのメドベージェフ大統領（当時）の北方領土初訪問と日韓併合100年にあたって不必要な謝罪をした「首相談話」発表。さらに野田内閣での返還義務のない朝鮮半島由来の図書「朝鮮王朝儀軌」引き渡し……。

すべてはつながっている。周辺国は政権交代後の3年間で、日本はごり押しすれば退き、泣き寝入りすると学習したのだ。

解決済みの慰安婦問題でも韓国に迎合し、「門前払いではなく、余韻を残した方がいい」（前原氏）と主張し、野田首相も「人道的な見地から知恵を絞っていきたい」と述べていた。ところが、これがかえって期待をあおり、2011年12月の日韓首脳会談では会談時間の3分の2が慰安婦問題に使われる異常事態に。「余韻」は「大騒音」となって日韓関係を阻害している。

今回の竹島上陸でも、民主党政権は懲りずに「余韻」を残そうとしている。玄葉光一郎外相は武藤正敏駐韓大使により強い抗議を意味する「召還」ではなく、「一時帰国」を命じた。2010年11月にメドベージェフ大統領が北方領土を訪ねた際の河野雅治駐露大使（当時）が「一時帰国」だった前例を踏襲しようというのだ。

だが、そのメドベージェフ氏は2012年7月、今度はロシア首相として再び国後島の地を踏んだではないか。民主党政権には外交上の学習能力、当事者能力が見当たらない。

慰安婦問題は朝日の捏造　2012年8月30日

私は普段、写真週刊誌はほとんど手に取ることはないのですが、今朝は思わず『FLASH』（2012年9月11日号、光文社）を450円も出して買ってしまいました。巻末の特集記事「『従軍慰安婦』問題は、朝日新聞の捏造から始まった！」に感心したからでした。写真週刊誌にも、こういう記事が大きく載る時代なのだなあと。これも「李明博効果」でしょうか。

この記事は、現代史家の秦郁彦氏、東京基督教大の西岡力教授、上海で慰安所の検診を担当した軍医、麻生徹男氏の次女の天児都氏らのコメントも紹介しています。

かつて朝日の紙面で、あろうことか、

「竹島を日韓の共同管理にできればいいが、韓国が応じるとは思えない。ならば、いっそのこと島を譲ってしまったら、と夢想する」

と、堂々たる「妄言」を書いた現主筆の若宮啓文氏などは、「韓国のためにと思ってやったことだ」と胸を張るかもしれませんが、日本にとっては迷惑この上ない新聞です。

『FLASH』の記事は、慰安婦問題がどのようにして生まれ、大きな問題と化したかをコンパクトにまとめています。そして、最後はこう締めくくっています。

「慰安婦問題は、日本の左翼が種を蒔き、それに韓国が乗っかって花を咲かせたのだ。では、この問題を大きく育てた朝日新聞は『捏造批判』にどう答えるか。『締め切りまで時間がないので回答できません』。日韓関係をここまでめちゃくちゃにした謝罪の言葉は、いっさいなかった」

少し長くなりますが重要ですので、西岡氏の著書『よくわかる慰安婦問題』（草思社）から、慰安婦問題の虚偽性がよく分かる部分を引用します。

《同じ頃（註／1992年）、韓国人から強制連行はなかったという話を連続して聞いた。

私がソウルで会ったある韓国人記者は、「自分はこの問題についてこれ以上は書かない」と言った。

「それはどういうことですか」と尋ねると、「元慰安婦の女性にかなり取材をしてきた。ところが彼女たちは慰安所に入れられてからの悲惨な生活についてはよくしゃべるのだが、しかし連れていかれる過程になるとたんに口ごもることが多い。それで追及していくと、どうも女衒《ぜげん》がからんでいるらしいことがわかってきた」とのことだった。

それで私が、「女衒って日本人ですか」と聞くと、「あなたね、日帝時代、朝鮮の田舎に、日本人が入っていけると思いますか」と言うのである。つまり、取材を重ねるにつれ、朝鮮

人の女衒が関与して、身売りとして売られていったという人たちなのだということがだんだんわかってきたというのだ。（中略）

やはりその頃、済州島出身の左翼知識人である在日朝鮮人高峻石氏は佐藤勝巳氏に、「吉田（清治）の言うような日本軍による慰安婦狩りなどなかった。自分の村でも慰安婦が出ている。自分の親戚にあたるある未亡人が、村の娘ら何人かを中国に連れて行って慰安所を開き大金をもうけて話題になり、村から別の娘たちもその慰安所に出稼ぎに行った。当時の済州島でも貧しさで身売りする娘が珍しくなかったのに、なぜ、軍がわざわざ慰安婦狩りをする必要があるか。もしそんなことがあれば、噂はすぐ広まったはずだが、聞いたことがない」と話していた。

また、七〇年代韓国の野党新民党で政策責任者などを歴任した元国会議員のK氏も、日本に来るたびに私に語っていた。

「日本は慰安婦狩りなどしていない。日本人はなぜこんなこともわからないのか。二・二六事件は反乱将校らが、東北地方で兵隊の妹らが貧しさのため身売りしなければならないという現実を知って憤慨して起こした。当時の朝鮮農村はもっと貧しかった」（中略）

韓国を建国した李承晩大統領は反日を反共とならべる国家スローガンとし、日本との国交交渉においても植民地支配の不当性を強調しつつ多額の補償金を要求していた。その李大統領ですら、日本での外交交渉で慰安婦については一切言及してない。慰安婦がいたということは知っている。当時の人たちはみんな知っていたけれど、慰安婦を外交交渉にあげて日本から金を取るということは、あの李承晩大統領ですら考えなかった。(中略)貧困による悲劇だとみな知っていたから、問題にされなかったのだ》

そもそもは、1991年8月11日付の『朝日新聞』に、植村隆記者が「従軍慰安婦」を名乗る韓国人女性の記事を書いたことが始まりです。あたかも日本軍に強制連行されたかのように紹介して慰安婦問題を捏造しました。今日の日韓関係の惨状を招いた植村記者は今、どう思っているのでしょうか。自分のしでかしたことに、「心からの反省とお詫び」を表明する日は来るのでしょうか。

朝日新聞の慰安婦問題「スリカエ戦術」　2012年8月31日

さて、まるで菅直人前首相のように自己正当化に余念がなく、自社の過去記事については密かに歴史修正主義を旨とする朝日新聞は、2012年8月31日の社説で「河野談話　枝でなく、幹を見よう」というタイトルをつけ、次のように書いています。

《河野談話は、様々な資料や証言をもとに、慰安所の設置や慰安婦の管理などで幅広く軍の

関与を認め、日本政府として「おわびと反省」を表明した》
《松原氏（註／松原仁国家公安委員長）らは、強制連行を示す資料が確認されないことを（河野談話の）見直しの理由に挙げる。枝を見て幹を見ない態度と言うほかない》

つまり朝日は、強制連行の有無は「枝」、つまり枝葉末節にすぎないと言いたいようです。でも、朝日はそもそも朝鮮人慰安婦は日本軍に強制連行されたと決めつけ、それを前提にたくさんの記事を書き飛ばしてこの問題を拡大し、こじらせ、河野談話を作らせ、世界に強制連行説を広めた当事者であるわけです。

1992年1月11日付の1面トップ記事の「従軍慰安婦」の用語解説で、わざわざ「多くは朝鮮人女性」という見出しをつけて「約8割が朝鮮人女性だったといわれる。太平洋戦争に入ると、主として朝鮮人女性を挺身隊の名で強制連行した。その人数は8万とも20万ともいわれる」と事実無根のほら話を強調していました。

また、1992年1月23日付の夕刊1面コラム「窓　論説委員室から」では、後に詐話師と判明する吉田清治氏の話を引用し、「吉田さんらが連行した女性は、少なくみても950人はいた」などと、やはり「強制連行」を当然の前提として書いています。朝鮮人女性の強制連行こそが朝日の記事・主張を成立させる核心部分であったわけですが、それが今や「枝」扱いです。

さて、私の手元に自由主義史観研究会が2005年2月に出した小冊子『朝日新聞が捏造した「慰安婦問題」　その虚報と誤報の軌跡』があります。この冊子には、1996年、97年頃の慰安婦問題をめぐる朝日と産経の論争で産経が勝利したことも記されています。朝日の「河野談話　枝でなく、幹を見よう」を読んで思い出したのは「お得意のスリカエ戦術」と題した部分でした。今回の社説の手法が、15年前から変わっていないことがよく分かります。以下、引用です。

《朝日新聞を批判する学者やジャーナリストたちは、「日本の国家機関や軍による、慰安婦調達を目的とした強制連行はなかった」と主張しているのですが、それに対して『朝日新聞』は、ご覧の通り（註／1997年3月31日付社説）「日本軍が、女性たちを直接に強制連行したか否かというのは狭い視点で問題をとらえようとする傾向で、そのような議論の立て方は、問題の本質を見誤るものだ」と訴えているわけです。要するに、朝日は「強制連行など、慰安婦問題の本質ではない」と言っているわけです。（中略）

1991年から92年にかけて、「日本の官憲や軍による強制連行での慰安婦調達」を前提に慰安婦問題のことを報じてきた『朝日新聞』が、5年ほど経過した1997年3月には、それこそ手のひらを返すように「強制連行など、慰安婦問題の本質ではない」などと書くようになったわけですが、それは「日本の国家機関や軍による、強制連行での慰安婦調達」な

ど、事実でなかったことが疑問の余地なく明らかになったからです。朝日一流のスリカエ戦術と言わざるを得ません》

また、この冊子の「吉田証言には知らんぷり」と題した部分ではこう手厳しく指摘しています。

《朝日は、吉田証言について、次のような無責任極まりない言い草を弄しています。

戦時中に山口県労務報国会下関支部にいた吉田清治氏は1983年に、「軍の命令により朝鮮・済州島で慰安婦狩りを行い、女性205人を無理やり連行した」とする本を出版していた。（中略）朝日新聞などいくつかのメディアに登場したが、間もなくこの証言を疑問視する声が上がった。

済州島の人たちからも、氏の著述を裏付ける証言は出ておらず、真偽は確認できない。

（1997年3月31日付『朝日新聞』）

「朝日新聞などいくつかのメディアに登場したが」とはどういうことでしょうか。これじゃあまるっきり〝人ごと〟です。吉田ウソ証言をウノミにし、虚構を事実として、繰り返しその紙面で報道してきたのは、誰でもない『朝日新聞』自身なわけです》

ちなみに、秦郁彦氏の著書『慰安婦と戦場の性』（新潮選書）によると、朝日はこの１９９７年３月の記事で「吉田証言の真偽は確認できない」と書くに至るまでに、１９８２年９月２日付、１９８３年11月10日付、１９９１年５月22日付、１９９１年10月10日付、１９９２年１月23日付、１９９２年５月25日付……と明らかに他紙に突出して吉田氏を紙面で取り上げています。

これだけ吉田氏を重用し、その虚偽の証言を事実であるかのように何度も紙面に登場させたあげく、一切検証も総括もせずにさらっと「真偽は知らん」とだけ書いて、今に至るまで頬被りを決め込んでいるということです。なぜだか、やはり菅直人氏の言動を連想してしまいます。

それはともかく、いつのまにか「幹」、つまり根幹の問題を枝葉だとすり替えて保身を図る朝日の詐術には乗らないように気をつけたいところです。いや、やっぱりこういう手法を何の躊躇もなく恥ずかしげなく取れるところは、菅氏と通底する部分がありそうです。

第四章

一瞬にして国益を損なう国家観

政権交代前夜、鳩山氏の歴史感覚　2009年10月

この原稿を書いている2009（平成21）年8月下旬の時点では、まだ衆院選の結果は出ていない。とはいえ、民主党の勝利という趨勢《すうせい》は動かないとみられるので、その前提に立って筆を進めたい。民主党政権が誕生した場合は当然、代表の鳩山由紀夫氏が首相を務めることになるのだろう。そしてその際、大きく懸念される問題の一つが、中国、韓国寄りの言動が目立つ鳩山氏の歴史感覚なのだ。

これまで、枢要な地位にある政治家やそのときどきの政府高官が、ときに確信犯的にときに安易に、また、その場を収めようと思って表明した歴史認識がさらなる問題と混乱を招き、後世に禍根を残した例は少なくない。

その中でも、村山富市元首相が日本による植民地支配と侵略をアジア諸国に謝罪した1995年8月の「村山談話」と、宮沢喜一内閣の河野洋平官房長官が慰安婦募集時における日本軍関与の強制性を認めた1993年8月の「河野談話」の二つは突出している。

これらは、政府の公式見解として日本に容易には消せない「烙印」を押し、諸外国に日本を攻撃し、貶《おとし》める材料を提供するとともに日本人の意気を阻喪《そそう》させた。特に後者につ

いては、実際に外交交渉に当たってきた外務省幹部も「大きく国益を損ねた」「日本は思想戦でも負けてしまった」と本音を漏らす。

一方、鳩山氏はこの二つの談話にこれまでシンパシーを示してきた。特に、旧社会党出身である村山氏の個人的思想・信条を色濃く反映し、当時の閣僚にも事前説明なしで唐突に出された村山談話については、２００９年8月11日の海外メディアとの記者会見で、次のように熱い思いさえ吐露している。

「村山談話は、私が（自社さ）政権にいたときにつくったもので、その思いは民主党が政権を取ったならば当然、尊重したい。自民党政権の中では、何か談話を踏襲するみたいなことを言いながら、どこまで本当に理解されていたのかという部分は若干の疑問を禁じ得ない。少なくとも私どもは、村山談話の思いを十分に受けた政権にしたい」

つまり、これまでの自民党政権よりも戦争への反省と謝罪を前面に打ち出し、村山談話路線を強化すると言っているわけだ。自民党の麻生政権では、村山談話と異なる見解を表明したとして田母神俊雄前航空幕僚長が更迭されたが、そうした思想統制がますます徹底されるのかもしれない。

もっとも、鳩山氏は続けて「それ（村山談話）以上のことを今、談話として発表することは考える必要はないのではないか」とも述べている。首相となっても、ただちに「鳩山談話」を検討する必要はないと考えているようだが、油断は禁物だろう。

『飛んで火に入る」歴史認識

鳩山氏は以前から、民主党内でも「朝と夕とでは言うことが違う」「直近に会った人の意見に左右される」などと言われるほどブレが大きいことで有名だ。

最近でも、海上自衛隊によるインド洋での給油活動を当面継続させる考えを示したものの、すぐに撤退方針を表明したのは記憶に新しい。非核三原則についても、法制化に慎重姿勢だったのに、あっという間に法制化推進に転じた。ソマリア沖の海賊対策にしても、集団的自衛権や憲法改正についてもころころと発言が変わる。連携している社民党の意向に配慮してのことだろう。

鳩山氏が将来、この社民党や党内左派勢力、あるいは中韓に強く迫られたとき、歴史認識問題についても同様のブレを見せないと誰が言えよう。

何より、鳩山氏自身、1998年5月に「韓国と日本」をテーマに行った講演で、歴史問題や慰安婦問題に関する謝罪のやり直しを唱えている。鳩山氏の思想を考える上で重要であるので、少し長いが引用したい。

「根本的な問題として、過去に日本が、韓国あるいは朝鮮半島や中国大陸に対して行った行為に対する謝罪問題がある。村山内閣のときに、敗戦50年の8月15日に村山談話が出され、韓国でも高く評価されたわけだが、その後残念ながら橋本内閣において、その思いが踏襲されていないような気がする。橋本内閣にしろ次の内閣にしろ結構だが、この過去の歴史認識の問題、サハリン残留韓国朝鮮人の問題、また従軍慰安婦の問題も、精神的な意味でしっかりとした謝罪を行うことによって、解決出来る問題だと認識したい。形式的な謝り方ではなく、本当に心を込めて総理の立場で、あるいは国会の立場で謝罪を一度することが大事ではないか」

そもそも、「思い」や「心」が果たして本当に相手に通じるのかが疑問だが、鳩山氏はそれが伝わると信じているらしい。これが鳩山氏が提唱する「友愛」の精神であり、「地球市民」の発想なのか。

また、国会は村山談話に先立ち1995年6月に「世界の近代史上における数々の植民地支配や侵略的行為に思いをいたし、我が国が過去に行ったこうした行為や他国民とくにアジアの諸国民に与えた苦痛を認識し、深い反省の念を表明する」とする戦後50年決議を衆院本会議で可決している。だが、鳩山氏はこれでは不十分だと考えているようだ。

村山氏個人の旧社会党的発想・信念とあやふやで断片的な歴史知識から生まれた村山談話はその後も、閣議決定を経た政府の公式見解として、歴代内閣を縛り続けている。

1998年11月、当時の小渕恵三首相と中国の江沢民国家主席が日中共同宣言を締結した際には、小渕氏は中国側が求めた文書への過去の歴史謝罪盛り込みを突っぱねた。ところが、「日本側は、村山談話を遵守し」との文言が入ってしまい、村山談話は一種の国際公約化してしまった現実もある。

このため、首相就任前は村山談話に否定的だった安倍晋三元首相も、首相になるとこれを踏襲せざるを得なかった。一方で安倍氏は、外務省には日中交渉の現場や共同文書などで村山談話を引用しないように指示し、有名無実化を目指した。

また、政府答弁書では、村山談話にある「先の大戦」「あの戦争」が日中戦争を含むかや、どの時期を指すかについて「様々な議論があるところ、政府として具体的に断定することは適当でない」と具体的言及を徹底的に避け、談話の骨抜きを図っていた。

鳩山氏は、その正反対をいき、村山談話をもっと頻繁に示したいということだろう。最近は出番が少なくなった「歴史カード」を再び活用できるのだから、中国としては飛んで火に入る夏の虫というところか。

裏付けなき談話

それでは、鳩山氏はもう一つの政府談話である河野談話に対しては、どういうスタンスなのか。談話にはこうある。

「慰安所の設置、管理及び慰安婦の移送については、旧日本軍が直接、あるいは間接にこれに関与した。当時の朝鮮半島は我が国の統治下にあり、その募集、移送、管理等も、甘言、強圧による等、総じて本人の意思に反して行われた」

主語が必ずしも明確でなく、「総じて」などのあいまいな表現も入った分かりにくい表現ぶりだが、鳩山氏は２００７年３月の記者会見で、こう明言している。

「河野談話は、事実に基づいた談話と認識している。民主党としても（談話を）尊重する立場だ」

だが、本当に河野談話は事実に基づいているだろうか。ここにも、鳩山氏の歴史認識の危うさ、発言の軽さが表れている。河野談話の性格について、事務方の官房副長官として談話作成に深く関わった石原信雄氏は同じ07年３月、次のように証言している。

「（韓国に対する）外交上の配慮がなかったといえば嘘になる。事実判断ではなく、政治判断だった」

民主党の名誉のために言えば、党内には河野談話のいい加減さを指摘し、その見直しを求める議員たちもいる。この石原氏の発言も、民主党の「慰安婦問題と南京事件の真実を検証する会」（渡辺周会長）の会合に招かれた際のものだ。

ただ、現在幹事長を務める岡田克也氏は当時、この議連に対し「3つの問題がある。第1に党の方針と違う。第2に党の頭越しに政策提言するのはいけない。第3に、自民党より右寄りの結論を出すのは、敵に塩を送るようなものだ」と強く批判していた。

話を戻すと、石原氏は1997年3月の産経新聞のインタビューでも、当時の政府判断の背景と事情についてこう明かしている。

「韓国側が元慰安婦の名誉回復に相当、こだわっているのが外務省や在韓（の日本）大使館を通じて分かっていた。関与を認めただけでは決着しないと思った。強制性を認めれば、問題は収まるという判断があった」

要するに、河野談話は韓国をなだめ、日韓間の政治問題としてこれ以上騒ぎが大きくなるのを避けるため、「政治的」に発表された談話であるということだ。実際、政府が調査した資料の中に、軍や官憲が強制的に女性を集めたことを示すものは一切なかった。

この点について、石原氏は2005年7月の産経新聞のインタビューでこうはっきりと述べている。

「国外、国内、ワシントンの公文書館も調べたし、沖縄の図書館にも行って調べた。それこそ関係省庁、厚生省、警察庁、防衛庁とか本当に八方手をつくして調べた。日本政府が政府の意思として女性を強制的に集めて慰安婦にするようなことを裏付けるデータも出てこなかった。当たり前で、国家意思としてそういうことをすることはありえない」

実は、河野氏自身も1997年に自民党の「日本の前途と歴史教育を考える若手議員の会」で行った講演でこう認めていた。

「女性が強制的に連行されたものであるかどうかということについては、文書、書類ではなかった。女性を強制的に徴用しろというか、本人の意思のいかんにかかわらず連れてこい、というような命令書があったかといえば、そんなものは存在しなかった」

どこにもない「事実」を創った人

それでは、政府は一体何を根拠に「強制性」を認めたのかというと、韓国で実施した元慰安婦16人の聞き取り調査だけだ。しかも、その重要な聞き取り調査の内実は「裏付け、本人の親に会うとか、当時の関係者と会うとかそういう手段はない。もっぱら本人の話を聞くだけだ」（石原氏）というお粗末なものだった。

さらに指摘すれば、この韓国での聞き取り調査にはオブザーバーとして、現社民党党首で弁護士の福島瑞穂氏も加わっていた。初めに結論ありきの調査ではなかったのかという疑いを禁じ得ない。

私はかつて、この聞き取り調査の信憑性を確かめるため、外務省と内閣府に情報公開請求を行った。だが、ともに「元慰安婦たちのプライバシーの保護」を理由に却下された。情報非公開の理由について、首相経験者の1人は「どうせ、表に出せないようなずさんな内容だからだろう」と話している。

また、河野談話は政治改革関連法案の処理に失敗した宮沢内閣が総辞職する前日に、駆け込み的に発表されたものでもある。1993年8月5日付の毎日新聞はこのときの状況をこう記している。

「政府が4日発表した従軍慰安婦問題の調査結果は、5日に総辞職する宮沢政権が駆け込み的に行ったものだ。韓国側が強く求めた『強制連行』の事実を認めたことで、政府は『調査はこれで終わった』(河野洋平官房長官)と区切りがついたことを強調する。こうしたタイミングでの発表の背景には、政権交代を前に『現政権のうちに決着させたい』との両国政府の利害が一致したことがある」

鳩山氏は、このようにして〝薮の中〟で成立した河野談話を簡単に「事実に基づいた談話」と呼んだ。だが、河野談話について調べれば調べるほど「事実」などどこにもなく、その場しのぎの短慮で国益を害した愚かな政治家・官僚たちの実態が浮かび上がるばかりではないか。

河野談話作成の準備段階にあたる1993年3月の新聞各紙を読み返すと、24日付の毎日新聞と25日付の朝日新聞に、情報源は同じとみられる興味深い記事が掲載されている。見出しは次の通りだ。

・毎日新聞「従軍慰安婦『強制連行』広く定義」「政府が新見解　精神的苦痛も含める」

・朝日新聞「『強制』幅広く認定」「従軍慰安婦調査で政府方針」「精神的苦痛含めて判断」

この前日の23日には、谷野作太郎外政審議室長が参院予算委員会で「強制」の定義について「物理的に強制を加えることのみならず、脅かし、あるいは畏怖させて、本人の自由な意思に反してある種の行為をさせること」と答弁し、「強制」を幅広くとらえる考えを強調していた。

毎日新聞は記事で、谷野氏の答弁と政府首脳の「物理的だけでなく精神的な場合も含む」との言葉を挙げた上で、「強制連行の定義が焦点になっていたが、今回の政府判断は『本人の意思』に反していたかを基準とし、脅しや精神的圧迫による連行も含めたことになる」と報じている。

また、朝日新聞も政府首脳の「精神的苦痛、心理的なものも含めて」との言葉を紹介し、「元従軍慰安婦からの聞き取り調査で、脅迫など精神的圧迫を受けたとする証言があった場合、強制的に連行されたものと判断するなど幅広く解釈していこうというものだ」と書いている。

新聞表記の慣例上、政府首脳は主に官房長官を指すため、この2つの記事はオフレコの場などで河野氏が表明した考えを伝えたものとみられる。谷野氏と政府首脳（河野氏）の言葉からは、当時の政府が、証拠がいくら探しても出てこないにもかかわらず、韓国を満足させるためどうにかして強制性を認めようとして苦心していたさまがうかがえる。何とも倒錯した日本国民不在の風景だ。

付け加えると、谷野氏は外務省チャイナスクール出身で中国課長を経て、外政審議室長として村山、河野両談話の作成にかかわっている。後に中国大使となったほか、親中派の福田康夫前首相の小学校時代の同級生でアドバイス役も務めていた人物である。

「鳩山談話」を生む懸念

ただ、河野談話の責めを河野氏や当時の政府関係者だけに帰するのは公正ではないかもしれない。当時のメディアの慰安婦報道はあまりに一方的で不勉強で、旧日本軍への偏見と悪意に満ち、かつ諸外国の言い分を垂れ流すばかりだったからだ。

例えば、1992年1月11日付朝日新聞の1面トップ記事「慰安婦　軍関与示す資料部隊に設置指示」は、それ自体、政治的意図のある偏向したものだが、さらに噴飯《ふんぱん》モノなのは記事に添えられた「従軍慰安婦」に関する用語解説だ。そこにはこうある。

「（前略）約8割は朝鮮人女性だったといわれる。太平洋戦争に入ると、主として朝鮮人女性を挺身隊の名で強制連行した。その人数は8万とも20万ともいわれる」

まるっきり、北朝鮮か韓国の反日活動家のプロパガンダである。慰安婦問題に詳しい現代史家の秦郁彦氏によると、慰安婦の総数は2万から2万数千人にとどまるし、日本人女性が4割を占め、朝鮮人女性は2割程度だったとされる。また、女子挺身隊と慰安婦は全く関係がないのはあまりにも明らかだ。

しかし、当時の新聞は元慰安婦の証言は何らの検証も行わないまま事実として報じ、朝日新聞だけでなく毎日新聞も東京新聞も「女子挺身隊名で強制連行」と平気で書いて旧軍を批判していた。産経新聞も、史実にない「従軍慰安婦」という言葉を何度も使用していたことを反省とともに指摘しておきたい。

当時のテレビ報道がどうだったかは把握していないが、新聞と似たり寄ったりだったかそれ以上に扇情的だったのではないか。河野氏らをかばう気などないが、そんな歪んだ言語空間にあって、政府のみに「正気」を求めるのは酷なのかもしれないとも思う。

ともあれ、鳩山氏は1997年1月に訪韓した際、元慰安婦への補償に関してこう踏み込んだ発言をしている。

「政府がなんですっきりした形にできないのか。政府からの補償金という形にできないのか。国の立場をより明確にするよう（日本政府に）求めたい」

鳩山氏は後に「国家補償すべきだとは言っていない」と発言を打ち消したが、何とも危なっかしい。村山、河野両談話に続き、それを強化するような「鳩山談話」が作られることがないのをただ祈るばかりだ。

「靖国」で中国首脳をけしかけた中国大使　２００９年９月24日

仕事の空き時間に机上の書棚にあった２００７年３月に出された『新編　靖国神社問題資料集』（国立国会図書館調査及び立法考査局）を眺めていて、たまたま見つけた２０００年４月の参院国際問題に関する調査会会議録が興味深かったので紹介します。これは国会での答弁なので秘密でも何でもありませんが、意外と知られていないのではないかと判断したからです。

発言者（参考人）は、あの、中国に関心のある人にはとても有名な中江要介・元中国大使で、靖国神社参拝問題に関する中国側の考え方がよく分かります。

《１９８５年８月15日に靖国神社公式参拝があって、それで日中間というのがものすごく冷え込んで何もかもストップした時期があったんです。（中略）その年の12月８日、この日も珍しい日ですが、この日に胡耀邦総書記が私に昼の食事を一緒にしたいと、こう言ってきたんです》

《（中略）胡耀邦はその時に、もう靖国神社の問題は両方とも言わないことにしようと、こう言い出したんですね。（中略）黙って85年でも１００年でも両方で騒がずに静かにして自

然消滅を待つのが一番いいじゃないか、こういうことを言い出して靖国の問題が話題になったんです》

《(中略)そこで私は、もし今黙っちゃったら、日本ではああ、もうあれでよかったんだと思ってしまう人が出るかもしれないよと、こういうことを言いましたら、それは困る、それは困るんだと。もう一度靖国参拝が出たとすると我々の立場はなくなるということを言って、その後に、靖国には戦犯が2000人もいるじゃないかと、こう言ったんですね。(中略)それはA級ばかりじゃなくてB級、C級みんな入れての話でしょうと言ったら、そうだと。とにかく戦犯というのはAもBもCもみんな変わりはないんだ、こう言ったんですね》

《(中略)A級だけなら多少分かるかもしれないけれども、B級、C級まで含めてはちょっと日本国民としては承服できない人がいるだろうと。こういう話をしましたら、胡耀邦が、なるほどそれは分かった、それなら文革の後で中国がやったように、実は本人には責任がないけれども、いろいろのいきさつ、経緯、命令系統その他でやむを得ずそういうことになった人たちの名誉を回復する措置をとったらどうだと》

一外務官僚であった中江氏が問題を沈静化させたい中国首脳に、「靖国問題を提起し続けたほうがいい」とけしかけていたことが分かります。しかもそれを自分でトクトクと白状しているわけですから、何をやっているのだという話です。

ちなみに、この問題に関して、民主党の小沢一郎幹事長は自治相時代の1986年4月2日の参院地方行政委員会で、こう述べています。私は、現在の小沢氏には批判的ですし、残念ながら当時と現在では言動が大きく異なりますが、このときの答弁については基本的にその通りだと思っています。

《A級であろうがB級だろうがC級であろうがそういう問題ではないだろうと思っています。（中略）私の考え方としては、対外的に言えば一戦犯の問題で済むという話ではないであろうと思います。したがいまして、これは国と国ということであれば、日本人全部が、日本国民がお互いに責任を負って、その中で、歴史のいろんな悲惨な状況が繰り返し起きておりますけれども、今後、本当にアジアの中の日本としての連帯と友好をお互い保ち合っていかなければならない》

このようにきちんと論陣を張っていた小沢氏が、後に単純なA級戦犯分祀《ぶんし》論に傾いたのは残念だと思います。

「日本列島は日本人のものではない」 2009年11月7日

鳩山由紀夫氏の「慎重発言」を引き出した2009年11月5日の自民党の稲田朋美議員と

の質疑をここに紹介します。後輩の杉本記者がテープ起こししてくれたものです。

《**稲田氏**　今日は総理に、総理のおっしゃる友愛政治の原点、愛のテーマについておうかがいしたい。総理は、日本列島は日本人の所有のものではないと発言され話題になった。総理は国民の皆さんに大いに議論してもらいたい、大変大きなテーマ、まさに愛のテーマだと。友愛の原点がまさにそこにあるからだ。地球は生きとし生けるすべてのもののものだ、とおっしゃった。

さて、外国人参政権についておうかがいします。総理は平成13（2001）年、民主党代表時代、大韓民国民団の新年会で、幸せを願っている皆さまに地方参政権を差し上げるのは当然だとおっしゃったそうです。いつから当然だと思っているのか？　民団からの要請でそう思ったのか？　自発的にそう思ったのか？　総連は地方参政権付与に反対しているそうだが、誰のために地方参政権を与えるのか？

鳩山氏　宇宙ができて137億年、そして地球ができて46億年がたっている。その中で、私は地球はまさに生きとし生けるもの、人間のみならず、すべての生命体、ある意味では生命がないものに対しても存在しているものだと思っております。その中で、地球ができ、そして、その中で日本列島ができているわけです。言うまでもありません。主権は日本国民にあります。それを譲れなどということを申しあげているつもりも毛頭ありません。主権者としての国民の権利はしっかり守らなければなりません。

しかし、日本列島、あるいはどの国でもそうですけど、外からも来られる人もいる。そこから外国人が来られて、生活をされている。その人たちの権利というものも当然守らなければならない。それは日本列島の中で主権を持っている日本の国民としてのある意味での義務であり権利であると思います。私はそんな思いのもとで、外国人の地方参政権の問題も前向きに考えてはおります。

しかし政権をとって今、この辺を見回してもですね、まだ民主党の中でも、これは大変大きなテーマであることは間違いありません。それだけに、多くのさまざまな意見があることも事実であります。私としてそのことを強引に押し通すことを思っているわけではありません。国民のみなさんの意思というものも大事にしながら、また、政党間を超えて大いに議論して、そしてその方向で、その方向というか、みなさん方の議論を煮詰めて解決をされていかれるべきものだと考えております。

稲田氏　外国人参政権は、たとえ地方参政権でも与えるのは、「公務員を選定し、及びこれを罷免することは、国民固有の権利である」という憲法15条の規定に違反していると思うが、総理の外国人の権利を守らなければならないのはその通りだが、参政権は別問題だ。憲法15条との関係について総理はどのように考えるのか？

鳩山氏　憲法15条に対して、私は、したがいまして、さまざまな難しい問題があることは認めておりますが、必ずしも憲法に抵触しないでも地方参政権を与えることは可能ではないかと思っておりますが、いずれにしても難しいテーマで、根幹に関わる問題であるだけに、大いに議論をしていただきたいと考えております。

稲田氏　ドイツ、フランスではＥＵ加盟国の外国人に地方参政権を与えるために憲法を改正している。憲法15条は国民主権から派生する非常に重要な権利なので、きちんと憲法審査会などで議論してほしい。政治資金規正法は何人も外国人から資金を受けてはならないとしている。政治資金規正法が外国人からの献金を禁止しているのはなぜかというと、外国人の勢力から影響を受けるのを未然に防止しようという趣旨からで、罰則も規定されている。政治資金の寄付という間接的な方法であったとしても、日本の政治や選挙が外国人から影響を受けないようにするのが政治資金規正法の規定だ。

地方参政権を外国人に与えるのは直接的に影響を与えることになると思うが、憲法問題は横に置くとしても、政治資金規正法の趣旨と地方参政権の問題についていかがお考えでしょうか？　総理に聞いております。

鳩山氏　私は地方参政権の議論は、だから大変に根幹に関わる非常に難しいテーマだというふうに思います。政治資金規正法において、外国人からの寄付は受けられないとなっていることも承知をしております。それは、そのことによって外国の意のままに、もし日本の、特に国政が大きく動かされてしまうことに対する懸念から生じていると思います。まあ、地域においてどうだという議論はあるいはあるかと思うが、それだけに難しい問題をはらんでいることは理解しております。

一方で、私は、しかし、外国人によって日本がゆがめられるというよりも、大いに外国人との共生の日本をどうやってつくるかという議論も他方で大変重要なテーマだと、そのようにも思っておりまして、そのような観点から、確かに法律上に縛られている難しいテーマである部分もあろうかと思いますが、もう一方の考え方も理解しながら、先ほど申しあげましたように、国会議員の皆さま方で大いに議論を進めていただければありがたいと思います。

稲田氏　共生の問題と参政権の問題は全く別の問題ですし、情緒的な感情で参政権の問題を考えていただきたくない。日本列島は日本人だけのものではないという発言だが、最初聞いたときに失言か何かと思ったが、総理にとって大変思い入れのある言葉であることに気づいた。

例えば、平成8（1996）年の6月に『論座』という雑誌の中で「わがリベラル・友愛革命」という論文を寄せられている。総理は「友愛革命の原点は政治家にとってはまさに政治家を捨てる覚悟にほかならない」とおっしゃっている。その後、「何げなく私たちは、日本は日本人の所有物だと考えている気がするし、その暗黙の了解のもとに各種政策が遂行されているように思われてならない。しかし、思い上がりもはなはだしいと言うべきだろう」、この後に「地方参政権を与えるべきだ」として、「私などはさらに一歩進めて、定住外国人に国政参政権を与えることをも真剣に考えてもよいのではないかと思っている。行政や政治はそこに住むあらゆる人々によって運営されてしかるべきである。それができないのは畢《ひっ》竟《きょう》、日本人が自分に自信がないことの表れである」と書かれて、総理は定住外国人の方々に国政参政権を与えることを考えるべきだと書かれている。

平成14（2002）年8月8日付『夕刊フジ』コラムで、民主党代表としての発言として、「しかし『友愛』はそうはいかない。『日本列島は日本人の所有物と思うな』などという発想は、日本人の意識を開くことであり、死を覚悟せねば成就は不可能であろう。（中略）だから私がその先兵を務めたい」とおっしゃって、総理は死を覚悟してまで日本は日本人のものではないという政策を進めようとしている。

そういった方が日本の総理になっている。外国人参政権については国政参政権まで視野に入れているのか？

鳩山氏　当時、私はそのような考えも持っておりました。すなわち地方参政権を外国人に与えることに加えて、国政においても与えることも真剣に考えていいのではないかという言い方をしたことは覚えております。ただ、言うまでもありません。現在、この立場の中で、いま、地方参政権すら、なかなか容易ではないという現実も理解をしております。その意味で、私としても常識的な行動の中で、皆さま方の議論というものの深まりを是非導いていきたいと、そのように感じているところでございます。

稲田氏　日本は日本人のものではないということを総理は死を覚悟してやるんだと。国政参政権もその当時は思っているんだと。ただ、今は事情があるので無理矢理はやらないとおっしゃるんですけど、死を覚悟してやられていたんでしょう？

総理大臣になられたわけです。民主党の1年生の議員もそうです。私もそうです。国会議員は総理を目指しています。自分の政治信条、この国をよくしたいという政治理念を実現していくために総理を目指しているんじゃないですか。総理のときにできなくて、いったいいつやるんですか？

鳩山氏　私は当時の思いというものを確かに今、徐々に思い出しております。政治家として、当然のことながら身を捨てるぐらいの思いで行動しなければ成就しない。そのように思っておりますし、自分の信念は貫いてまいりたい。その思いは根底に持っております。

ただ、現実の問題、状況の中で対処していかなければならないことも私も、この年になって理解を深めているところでございます。まさにお話しをいただきましたけれども、私はやはり、この国のまさに将来を考えたときに、本当にどう考えても私から見れば、閉じた日本列島、閉鎖的な日本列島、そのままで良いのかという思いは今でもあります。それがただ単に解決の道が地方参政権ということでは必ずしもありません。

しかし、もっと開明的な開かれた日本をつくっていかない限り、この国のいくつかの大きなテーマの解決は極めて困難じゃないか。このようにも考えております。従いまして、この国を、より地域、国際的な社会の中でも開かれた環境というものを私として、今、地方参政権の問題は問題として、トータルの中でつくり上げていきたいという思いは捨てておらないところでございます。

稲田氏　総理の抽象的な思いは分かるんですけど、情緒的な感情から参政権を考えるのは危険だ。随分前からの信念として国政参政権を定住外国人に付与すべきだと考えておられたことは非常に驚いている。憲法15条の関係がある。地方参政権は言うまでもなく、国政参政権は無理なわけです。国民主権をやめることは憲法を改正してもできない。これは憲法の規定であり、総理がおっしゃっている通り、革命なんです。国民主権を無視した革命の発言だと私は思います》

韓国民団に民主議員が選挙支援のお礼　２０１０年1月12日

２０１０年1月12日昼、東京・帝国ホテルで在日本大韓民国民団（民団）中央本部の新年会が開かれ、たくさんの国会議員が出席し、あるいはあいさつに立ちました。その模様を坂井広志記者がメモ起こししてくれたので、報告します。

まるで外国人地方参政権獲得の事前祝勝会のような雰囲気が伝わってきます。そして、民主党も公明党も社民党も共産党も、一体どこの国の政党なのかと、今さらのように頭がクラクラしました。これがこの国の現状です。

生活習慣、言語やメンタリティーの面で日本人と変わらなくなっているとはいえ、現時点では明確に他国人である人たちに選挙支援（政治介入）を頼み、それを隠しもせずに堂々とそのお返しをしたいと表明するこの政治家たちの頭の構造はどうなっているのか。韓国では、外国人の選挙運動が法律で禁止（3年以下の懲役または６００万ウォン以下の罰金）されているというのに……。

《**鄭進団長**　（略）韓日双方の一部に過激なナショナリズムや狭小な自国中心主義にとらわれる人々がいるのは事実です。歴史認識をめぐる葛藤など、軋轢《あつれき》の種は今も少なくありません。私は韓日１００年の節目に際し、強く訴えたいことがあります。（略）今や、私たちは過去については冷静かつ慎重に論じあい、未来について熱く大胆に語り合う時点に立っています。私たち民団は今日、新たな１００年へ、襟を正して歩み出します。その初年である２０１０年が明るい未来への象徴として、永住外国人への地方参政権付与の年となれば、これに優る喜びはありません。私たちの16年の宿願が、この度の通常国会において、日本世論の祝福のもとに実現されることを切に願うものです。地方参政権の付与は私たちが地域社会の発展にこれまで以上に貢献する活力源になるでしょう。（拍手起きる、以下略）

権哲賢駐日韓国大使　（略）韓日併合１００年の年であり、韓日両国で憂慮の声があることもよく分かっています。私は韓日両国がさらに協力し、今年は韓日関係の転機となる年にできると考えています。そのためには解放65年が過ぎた今なお未解決の多くの過去の問題について進展があることを期待します。特に在日同胞社会の長年の念願である地方参政権獲得が必ず実現できますよう、この場にお集まりいただいた日本の指導者の皆さまのご関心とご協力をお願い申し上げます。（以下略）

（註／この後、権氏は李明博大統領の新年メッセージ―国政演説―を読み上げる）

民主党・山岡賢次国対委員長　皆さま、明けましておめでとうございます。今年は素晴らしい年になることを一緒にご祈念申し上げます。今日は、本来でしたら小沢（一郎）幹事長がごあいさつにおいでになる予定でした。私はその代理として民主党を代表してごあいさつをさせていただきます。中井（洽）大臣、赤松（広隆）大臣もおいでですが、党の立場でごあいさつをさせていただきます。まず、今年は振り返れば政権交代を果たさせていただいた年でした。ここにおいでの皆さまには大変お世話になったことを心から感謝申し上げます。

（拍手、中略）

特にこのアジアの皆さま、韓国の皆さまとは昔から長い長いお付き合いでございましたが、この2010年を契機に本当にそういう方向で新たな日韓関係、新たなアジアとの関係、新たな世界との関係をつくっていきたいなあと思っているところでございます。そういう考えのもと、昨日（1月11日）、政府と党の首脳会談が行われました。そこでそういう政策を具体的に進める予算の説明が政府側からあったんでございますが、その中に率直に申し上げますと参政権の問題は正式にはご提示はなかったんでございますが、検討事項の中にそれが入っていたわけでございます（軽い拍手）。

私は「正式には入ってないじゃないですか」と言ったら、「検討事項です」と。そこから小沢幹事長が新聞にありますように、「これは政府としてきちっと対応すべきである。これからの日韓関係を考えると、また友好状況を明快にしていくためにも、政府がこれを法案として出すことがあるべき姿だと思う。大統領ともそういう話をしてきたので、これを実現していかないといけない」というご提起があったわけであります（拍手）。

先般、私どもは中国を訪問しました。小沢名誉団長、私が団長で行ったんですが、1日いただけで韓国に行きました。お招きがあったわけですが、そこで、韓国に行って、中国では国家主席と会談して、李明博大統領との会談も行うべきだということがありました。

政府がやることで党は前に出たくないというのが一貫した幹事長のお考えですが、それじゃあ特別に夕飯をごちそうになると私が提案して受けていただいて、その会談が実現したわけですが、その時にも、そういう話がかなり出たとうかがっています。そのことを「この国会でなんとしても実現しよう」というご提起を率先して幹事長が言われて、政府側もこれを積極的に進めますということで、昨日は終わったわけでございます。

この法案が1日も早く国会に出てくるように、私も側面的にバックアップしますが、出てきてからは主には私の仕事でございます。ここにいらっしゃいます民主党の理解ある皆さんとともに、この法案が1日も早く今国会で必ず実現するように全力を挙げて取り組んでまいりたいと思っております。2010年、これからの日韓関係100年を、そのスタートとして参政権の成立について、全力で錦の御旗として取り組んでいき、素晴らしい新年と素晴らしい将来をともに築いていきたいと思います。頑張ります。ありがとうございます。

社民党・福島瑞穂党首　民団の皆さん、本当に今年をいい年にしようではありませんか（拍手）。今年は本当に日本と韓国にとって節目の年です。日韓併合100周年。でもこれからの100年は私たちは共生と協調とそして一緒にともに手を携えていく。とりわけそんな100年にしたいと考えております。

まず一つめ、先ほどからもお話がありました。何としてもできるだけ早く地方参政権の法律を国会に提出して、社民党も先頭に立って一緒に成立させたいと考えております。お力を貸してください（拍手）。お願いします（拍手）。

二つめは共生の政策です。私自身は内閣府のなかで定住外国人の共生政策も担当しております。何としても子供たちの教育の問題、雇用の問題、とりわけ教育の問題や人権の問題などについて、私が担当しているときに大きな一歩を踏み出したいと考えております。韓国の皆さんから多くのことを学び韓国と日本の新しい1世紀を社民党はともにつくっていきたいと思います。平和や人権、共生は、これは平和が一番、人権が一番、男女平等が一番という点で頑張っていきたい。（以下略）

中井洽国家公安委員長・拉致問題担当相（日韓議員連盟を代表してのあいさつ）鳩山内閣で国家公安委員会委員長、警察の監督でございます。パチンコ業界もこの中に入っております（場内爆笑）。中井洽です。同時に日韓議連のメンバーで、今、森（喜朗）会長のもとで副会長をしています。きょうは森さんがご出席できないということで急遽私が代理をしてい

いかよく分かりませんが、一言お祝いを申し上げます。（中略）

今年1年の一層のご発展をお祈り申し上げると同時に、鳩山内閣におきまして、この（1月）5日の閣議で総理から法案に取り組む、参政権の法案に内閣として取り組む、原口（一博）総務大臣が担当で法案作りを言われたわけでございます。いよいよスタートします。立派な法案を作って今国会で成立をさせて、さらに韓日、日韓友好親善を増進させていきたい。そんな思いであります。皆さんのご理解、ご協力をお願いを申し上げます。

鳩山総理は就任後、一番最初に韓国を訪れて李明博大統領と会談をいたしました。ご歓迎いただいたことを閣僚の1人としてお礼申し上げる。私は拉致担当大臣として韓国との情報交換ということでお国をお訪ねいたしました。大変お世話になったことをお礼を申し上げます。鳩山（由紀夫）さんは韓国へいろんな政治的な判断で行かれると同時に、昨日か一昨日も韓国の俳優と夫婦でご飯を食べてました。奥さんの趣味か御当人の趣味かよく分かりませんが、大変な韓国びいき、韓国好きでございます。

自民党・西野あきら副幹事長　（参政権の話題はなし、略）。

公明党・浜四津敏子代表代行　公明党は日韓の間で一番の問題になってまいりました参政権の問題につきまして、当初から10年来取り組ませていただいてまいりました（拍手）。それは、私たち日本にとって韓国は文化の大恩の国である。兄弟、お兄さん、お姉さんの関係である。公明党の議員はその思いを共通にして力強く地道に必ずこの参政権の問題、解決してみせる。そういう覚悟で10年間取り組んでまいりました。

これからもあともう少し、問題が残されているようでございますけれども、私どもは決してあきらめず、ほんの一つ、二つの問題を一生懸命、真剣に解決して、本当の意味での新しい１００年、新しい出発ができますよう全力を尽くしてまいります（拍手、以下略）。本年が特別に素晴らしい年になりますよう一生懸命ご祈念して、ごあいさつにさせていただきます。

共産党・穀田恵二国対委員長　（略）永住外国人の参政権の問題です。地方自治体の運営を永住外国人を含むすべての住民の参加によってすることは、日本国憲法の保障する地方自治の原則からいって当然のことであります（拍手）。

永住外国人を地方自治の担い手として迎えることは、我が国の民主主義の発展と成熟の観点からいって、極めて重要な課題であります。外国人住民を尊重する日本社会を築くことは日本が真の国際化を図る上で不可欠の課題でもあります。

私どもは１９９８年に投票権だけでなく被選挙権、住民投票権を含む法案を提出し、以来、皆さんとともに実現を目指してきた。（略）今年こそ新しい１００年のスタートとして、永住外国人の地方参政権を実現するために奮闘する決意であります。

赤松広隆農水相　鄭進団長をはじめ民団の皆さまには昨年、特にお世話になりました。今、農水大臣ですが、その前は選対委員長やってたもんですから、全国各地で、直接皆さん方、投票いただけませんが、いろんな形でご支援をいただいた。それが308議席、政権交代につながったと確信いたしております。

その時の皆さんの思いは政権交代ができれば、民主党中心の政権ができれば、必ずこの15年間、16年間取り組んできた地方参政権の問題が解決するんだ、その思いで、全国で私どもを応援していただいたんだと思っております。心から感謝申し上げます。その意味で公約を守るのは政党として議員として当たり前のことですから、この政権のなかで鳩山総理の決意のもとで、あるいは小沢幹事長、民主党の与党の強い要請のもとでこの通常国会、必ずこの法案を成立をさせ、皆さん方の期待に応えていきたいと思います（拍手）。

やっとここまでやってきたなあ、本当にあと一歩だなあと感激でいっぱいでございます。まさにこの問題は本当に日本の民主主義が本物なのかどうか、本当に共生社会に向かって日本がいくのか、いかないのかが問われている課題だと思ってます。日本の国民の良識、議会の良識を信じながらその先頭に立って頑張ることをお誓いします。

権寧建・在外同胞財団理事長　皆さんの宿願である地方参政権を獲得し、日本国民とさらに助け合い、愛され、親しまれる韓国人として韓日協力関係への架け橋となってくれることを

お願い申し上げます。(以下略)

李時香・東京地方団長　念願の地方参政権獲得が目前に迫ってきております。2010年の今年は必ず地方参政権が実現され、民団と在日同胞にとって歴史的な悲願の年となるよう祈願するとともに、本日ご臨席いただいたご来賓のみなさんのご健勝とご多幸を祈念して、乾杯の音頭をとらせていただきます。乾杯(こんぺ)!》

一つだけ書いておくと、韓国では2009年2月の公職選挙法などの改正で、在外の韓国人にも大統領選や国会議員選挙などの国政投票権(限定的には地方選挙権も)が認められ、いわゆる韓国籍の在日の人たちは、2012年の選挙から投票できるようになっています。その上、日本でも地方参政権を得るとしたら、これはもはや通常の権利というより「特権」の部類に入るものだと思います。

また、韓国の金大中元大統領は1998年の就任演説の中で、在外同胞に対して帰化を勧める、次のような呼びかけを行っていました。

「我々は海外同胞達が、居住国市民(国民)としての権利と義務を果たしながら、韓国系として安定と誇りを持つことができるよう、積極的に支援します」

日本と近隣諸国と歴史と「政治的な罪」　２０１０年９月11日

最近、ロシア、韓国、中国、米国など、長い歴史的な付き合いがある国々と日本との関係の現状を思うと、ため息が出るばかりです。戦後60年かけて少しずつ前進させてきたはずのものが、わずか数年でどんどん後退し、元の木阿弥どころかさらに悪化・劣化していく。歴史を、冷厳な事実からではなく自分勝手な自己都合と加害者・被害者意識からゆがめ、しかもそれを倫理・道徳で厚化粧してパリパリに固め、身動きとれなくなっていく。しかし、それも国民意識とその選択がなせることなら是非もないと。

日々ニュースに接しながらそんなことを思っていて、ある文章を思い出したので紹介します。とてもとても有名な名著といわれる古典の一節なので、まともな政治家や官僚なら一度は読んだことがあるはずですが、全くその戒めは実践されていないなあと、改めて思いました。少し長くなりますが引用します。

《ある男性の愛情がA女からB女に移った時、件の男性が、A女は自分の愛情に値しなかった、彼女は自分を失望させたとか、その他、似たような「理由」をいろいろ挙げてひそかに自己弁護したくなるといったケースは珍しくない。

彼がA女を愛していず、A女がそれを耐え忍ばねばならぬ、というのは確かにありのままの運命である。

ところがその男がこのような運命に加えて、卑怯にもこれを「正当性」で上塗りし、自分の正しさを主張したり、彼女に現実の不幸だけでなくその不幸の責任まで転嫁しようとするのは、騎士道精神に反する。恋の鞘当てに勝った男が、やつは俺より下らぬ男であったに違いない、でなければ敗けるわけがないなどとうそぶく場合もそうである。

戦争が済んだ後でその勝利者が、自分の方が正しかったから勝ったのだと、品位を欠いた独善さでぬけぬけと主張する場合ももちろん同じである。（中略）

同じことは戦敗者の場合にもあることで、男らしく峻厳な態度をとる者なら――戦争が社会構造によって起こったというのに――戦後になって「責任者」を追及するなどという愚痴っぽいことはせず、敵に向かってこう言うであろう。

「われわれは戦いに敗れ、君たちは勝った。さあ決着はついた。一方では戦争の原因ともなった実質的な利害のことを考え、他方ではとりわけ戦勝者に負わされた将来に対する責任――これが肝心な点――にもかんがみ、ここでどういう結論を出すべきか、いっしょに話し合おうではないか」と。

これ以外の言い方はすべて品位を欠き、禍根を残す。国民は利害の侵害は許しても、名誉の侵害、中でも説教じみた独善による名誉の侵害だけは断じて許さない。
戦争の終結によって少なくとも戦争の道義的な埋葬は済んだはずなのに、数十年後、新しい文書が公開されるたびに、品位のない悲鳴や憎悪や憤激が再燃して来る。（中略）
政治家にとって大切なのは将来と将来に対する責任である。ところが「倫理」はこれについて苦慮する代わりに、解決不可能だから政治的にも不毛な過去の責任問題の追及に明け暮れる。政治的な罪とは――もしそんなものがあるとすれば――こういう態度のことである。
しかもその際、勝者は――道義的にも物質的にも――最大限の利益を得ようとし、他方、敗者にも、罪の懺悔《ざんげ》を利用して有利な状勢を買い取ろうという魂胆があるから、こういうはなはだ物質的な利害関心によって問題全体が不可避的に歪曲化されるという事実までが、そこでは見逃されてしまう。「卑俗」とはまさにこういう態度をこそ指す言葉で、それは「倫理」が「独善」の手段として利用されたことの結果である》
これは1919年1月の講演録ですから、今から90年以上前ということになりますね。しかし、いま、我々の眼前で展開されている事態にそっくりそのまま当てはまるように思います。人間なんていつの時代も変わらないし、国際関係もそうそう進歩したり、改善されたりするものではないようです。
ただ、少し違うかなと思うのは、我が国の場合は、「説教じみた独善による名誉の侵害」

を心底もっともだと受け止め、ありがたがる人が一定数、いるようだということです。日本が周囲から虐げられるほど、もっともっとやってくれと煽《あお》る日本人、それどころか自ら火を付けて回る人たちも少なくないようです。

ここで引用した『職業としての政治』（岩波文庫）を著したマックス・ヴェーバーが暮らした第1次大戦後のドイツは、そうではなかったのでしょうか。いや、程度の差こそあれ、似たような傾向があったから、こういう講演を行ったのでしょう。

「靖国参拝」という有効な対中カード　2010年10月3日

尖閣諸島沖の中国漁船衝突事件で、複数の政府関係者が言っていたことの一つに、「日本には対中交渉カードがない」という指摘があります。これは、今日のような事態を予測し、準備できていなかった菅政権の「言い訳」という部分もありますが、同時に、現在の日中関係をみると、ある程度当たっているのだろうなとも思います。

そこで思い出すのが、首相による靖国神社参拝という、中国政府が最も嫌がるカードの存在です。

中国は、江沢民前国家主席時代からの反日教育の強化と、抗日活動の「勝利」（?）を共産党政府の正統性の根拠としてきた歴史的経緯もあって、日本に少しでも甘い顔（日本から見ればまともな対応）を見せると国民世論が沸騰してしまうという、実は中国政府自身も困ってしまう事情を抱えています。自業自得なわけですが。

そして、内部では日本どころではない激烈な権力闘争が行われている中国では、国民からわき起こった反日世論や反日デモ、暴動の類は常に反政府運動へと転化していく（転化するよう誘導されていく）可能性があり、当然ながら今の胡錦濤主席体制もそれを非常に怖れています。今は、なりふり構わぬ経済成長でごまかしていますが、もともと格差その他、巨大な矛盾を抱えていて、それがいつ噴出してもおかしくない国です。

どこの国にとっても、外交は内政の延長なわけですが、特に「中華」の人たちにとっては余計にそうで、外交姿勢は国内事情にもろに直結しているわけです。そして、中国政府にとって、どう付き合うか、どんな態度をとれば国民が納得するのかが最も難しい国の一つが日本だということになります。

そんな中国を日本側からマネジメントし、コントロールできるカードが、靖国参拝だったのだろうと思うわけです。

小泉純一郎元首相が麻生太郎元首相を外相に任命する際、対中関係を心配する向きに対して、「対中外交は対中強硬派がやったほうがうまくいく」と言ったことがあります。それは、いろいろ理由の説明はできるでしょうが、端的に言って、相手に「下手なことをすれば日本が何をやってくるか分からない」と警戒させることに大きな意味があったのだと考えます。

そして、小泉氏の後を襲った安倍晋三元首相は、その6年連続靖国参拝という遺産を生かしつつ、靖国に参拝するともしないとも明言しない「あいまい戦術」をとりました。

これについては今も批判が多いのですが、安倍氏はその後の首相のように「行かない」とは決して言わず、中国の対日姿勢をマネジメントする道を選びました。

小泉時代の対日関係の悪化は、日本と経済関係を深める必要性があり、国際社会にもっと認められたい中国にとっても、かなり困ったものだったはずです。しかも、対日関係悪化の理由はほとんど靖国参拝1点に絞られていました。そこに、後継者で対中強硬派として知られていた安倍氏が、関係改善の手を差しのべた形でした。

中国としては、安倍氏就任後の初訪中受け入れまでに、なんとか「靖国に行かない」という言質をとろうとあの手この手で圧力をかけたり、懇願したりしてきたようですが、これには安倍氏は頑として首を縦に振りませんでした。「いつでも行ける」というカードを保持しつつ、でも「行く」とも言わない。結局、中国は半信半疑のまま安倍氏の訪中を大歓迎するしかなかったわけですが、当時の中国の対日外交当事者たちは「安倍は手強い」「主導権を握られてしまった」と口々に言っていたと聞いています。

それによって、中国にしてみれば、安倍政権をあまり刺激するようなことをすれば、靖国に参拝されてしまう。そうなったら、安倍氏を歓迎して迎え入れた胡錦濤政権は何をやっているんだと、国内世論と反体制派の総攻撃を受ける。それは何としても避けなければいけない。となると、現在の菅政権に対して示したような対日強硬路線はもうとりようがなくなるわけです。

安倍氏が参院選に大敗し、病に倒れた後の首相は、「お友達の嫌がることはしない」（福田康夫元首相）、「靖国のことは頭から消し去ってほしい」（鳩山由紀夫前首相、胡錦濤主席との会談での発言）などと、このせっかくのカードを自分から捨て去ってしまいました。中国政府は、これほど与《くみ》しやすい相手はいないと大笑いしたのではないでしょうか。

もっとも、安倍氏の「あいまい戦術」は日本国内的には極めて評判が悪く、支持基盤だった保守派の離反を招きましたし、今も非難を浴びる大きな要因となっていますから、本当に成功したとは言えません。また、本人も、２００7年9月の辞任の前には、年内（おそらく晩秋）の参拝を模索していたので、いつまでも「あいまい戦術」を続けられると考えていたわけでもなかったようです。

安倍氏が首相時代に、「当面、靖国に参拝すると言わないことにどんなメリットがあるのか」と聞いたことがあります。その際、安倍氏がもう一つ挙げた理由が、拉致問題への中国の協力取り付けでした。実際、小泉政権時代には入ってこなかった中国経由の情報がかなり寄せられていたとのことですが、これも、今も拉致問題が解決・前進していない厳然たる事実を思うと、一定の効果はあっても、残念ながらそれ以上のものではなかったかもしれません。

ともあれ、中国という「厄介な国」と付き合う際には、硬軟取り混ぜできるだけ多くのカードを用意しておくに越したことはありません。また、相手のある外交は、表面的に単純に攻める、引くだけでなく、周到に、重層的な仕掛けを考えることも大事なんだろうと思う次第です。鳩山氏のように、「友愛の海」と言えばそれで本当にそうなると信じ込む類の人は論外として。

私は小泉政権の末期ごろ、ある雑誌に匿名で「靖国防波堤論」を書きました。靖国問題でもめているからこそ、他の日中関係の懸案である教科書問題や東シナ海のガス田問題などまで中国側の意識と手が回らない。靖国でベタ降りしたら、今度はガス田問題などでも中国は攻めてくるだろうという趣旨のことを指摘したところ、日経新聞のコラムに「最近、靖国防波堤論というのが出ているが、それは違う」と反論され、思わぬ反応があるものだと驚きました。

靖国参拝は、英霊の鎮魂・顕彰という本来の目的以外に、日中関係における重要なカードとしても利用できたのになあと、そんなことを考え、ここまで記しました。でも、もとより、首相自身はおろか閣僚の参拝すら自粛させる菅政権に、そんな戦略的発想など欠片《かけら》もないことは承知しています。

謝罪外交の極み「サハリン韓国人」問題　2012年1月

新聞、テレビなどメディアでは報じられなかったが、2011年10月6日にソウルで行われた玄葉光一郎外相と韓国の金星煥外交通商相との会談では、金氏からこんな要請があった。

「在サハリン韓国人の問題で、日本側の継続的な協力を求める」

これに対し、玄葉氏は「韓国と協力していく」と簡単に応じたが、そもそもこの「在サハリン韓国人の問題」とは何だろうか。

2012年度予算の概算要求には、ロシア・サハリンに住む韓国系住民を支援するための在サハリン韓国人支援特別基金拠出金として、1億1796万円が盛り込まれている。

実は「人道的支援」の名の下、サハリン残留韓国人問題で日本政府が拠出してきた金はこれまでに七十数億円に上っている。「戦前、戦中に日本に『徴用』されてサハリンで働かされ、戦後も帰ることができなかった人たちへの補償」という趣旨である。戦後66年がたち、当事者たちはほとんどいなくなっているにもかかわらず、韓国はあくまでその継続を求めているというわけだ。

韓国としては、これも日本に対して道徳的に優位に立つための「歴史カード」の一つとして維持しておきたいというところだろう。日本政府も、年に1億円かそこらで相手の顔が立つなら安いものだと考えているフシがあるが、もういい加減にしてもらいたい。

もともとサハリン残留韓国人支援は、民間の地道なボランティア的活動を「日本が全部悪かった」史観に染まった左派勢力や、日本断罪を飯のタネにするプロ市民が乗っ取るようにして現在の道筋をつくったものだ。それを不勉強で事なかれ主義の政治家がよく分からないままダラダラと続けている。

政府は1989年から毎年、1億2000万円前後をサハリン残留韓国人の帰国支援事業に支援してきたが、話が大きくなったのはやはり「自社さ」連立の村山政権時代の1995年だ。村山政権は〝人道的見地〟から27億円以上かけて韓国・ソウル郊外に永住帰国者のため500戸のアパート建設を決めた。

これだけではない。日韓の赤十字が運営する共同事業体に拠出する形で、永住帰国はしないが、韓国への一時帰国を希望する人たちのサハリンからの往復渡航費と滞在費を負担、サハリンに残る「韓国人」のための文化センター建設（総工費約5億円）――など、相手方から求められるまま、至れりつくせりの支援を実施してきた。

居住の条件では、日本の徴用でサハリンに来たかどうかは問われないところがみそだ。

アパートには現在、戦後、北朝鮮からサハリンに渡った者も入居しているとされる。

私は1998年にサハリンで現地取材したが、その際に話を聞いた日本サハリン州経済開発促進協会の趙応奎氏によると、朝鮮半島系住民は南樺太が日本領となった日露戦争直後の1905年ころからサハリンに移り住み始めたという。趙氏はこう証言した。

「戦前の樺太は豊かで、うちは祖父が自分で樺太に渡り、養狐場をやっていた。戦後は、ソ連が韓国人を帰国させようとしなかった」

サハリン在留の朝鮮半島系ロシア人には、①戦前戦中の出稼ぎや自由募集、または日本による徴用、②戦後、ソ連の友好国の北朝鮮からの労働力募集、③スターリンの命令で沿海州から中央アジアのカザフスタン、ウズベキスタンなどに強制移住させられていて、共産主義指導のため再び移された朝鮮族——の3通りがある。

何も日本が自己都合で連れてきた人ばかりではないのだ。それどころか、長年サハリン残留韓国人の帰国支援運動に携わり、『サハリンの韓国人はなぜ帰れなかったのか』(草思社)の著書がある新井佐和子氏はこう指摘している(『明日への選択』1998年2月号)。

「戦後サハリンに残った人の中には、その『徴用』された人もほとんどいないのです。サハリンから帰ってきた方に聞いても『徴用ではなく、募集に応じて行った』と皆さん言っています。当時の樺太は賃金が高く暮らしやすかったからなのです」

私はサハリン取材の際、南部の港湾都市、コルサコフ（旧大泊）の市場を歩いていて韓国系女性に話しかけられた。女性は日本名「山下花子」と名乗り、こう語った。

「来年（1999年）3月、500世帯が韓国に引き揚げるんだよ。今、日本の援助で韓国に家を建てているんだ。一時帰国で家を見に行ったけどなかなかいい家で、私もここ生まれだけど引き揚げる」

人道支援もいいが、その原資が国民の税金であることを考慮すれば、際限なく広げていいはずがない。まして、真意が正しく伝わっていない場合はなおさらだ。

やはりサハリンで話を聞いた高麗人協会会長のパク・ケーレン会長は、「日本はもっとサハリン残留韓国人に賠償をすべきだ」と主張し、その理由についてこう述べた。

「日本政府は（日韓基本条約締結時の）8億ドルの資金供与で（請求権問題は）解決済みというが、それが不十分だと認めているから、これまで援助をしてきたのだろう」

日本の善意の支援は「弱味」「負い目」として受け止められていた。これでは何のための支援か分からない。

野田佳彦首相は2011年10月19日、韓国の李明博大統領と会談した際に、「朝鮮王朝儀軌」など朝鮮半島由来の古文書5冊を引き渡した。6月発行の日韓図書協定に基づき、12月10日までにさらに1200冊を引き渡す運びとなっている。

これも、国際法上も国際慣行上も引き渡す必要のないものを、善意で届けたものだったが、李大統領からは一切、感謝の言葉はなかったという。

一方、韓国は「対馬宗家文書」（約2万8000冊）など日本由来の古文書10万冊以上を保管しているが、これを日本に戻す気配はない。野田首相も会談で引き渡しは求めず、「韓国にも日本に関連する文書がある。それへのアクセスの改善を期待する」と控えめに述べただけだった。

これでは、図書協定の「日韓両国間の文化交流及び文化協力の一層の発展を通じて、日韓両国及び両国民間の友好関係の発展に資する」という趣旨も生かされない。

民主党政権の幹部らは、仙谷由人政調会長代理をはじめ、「台頭する中国に対抗するためには韓国と関係強化する必要がある」と強調するが、現状では、日本の対韓配慮も譲歩も思うような効果は生んでいない。

慰安婦問題はいつまでも蒸し返され、韓国は日本固有の領土である竹島（島根県隠岐の島町）で実効支配の実績づくりに励んでいる。日本がいくらすり寄っても、足下を見られてばかりいる。

むしろ、いつまでも過去への贖罪意識に囚われたそのアジア外交は、現実の日本をめぐる国際環境とアジア情勢の変化に追いつけず、アナクロニズムの様相を示している。

一方、韓国では実際の日本統治時代を知らない世代が社会の中軸になればなるほど、歴史問題は風化するどころかかえって観念的・ドグマ的な正邪善悪の二元論に陥り、収拾がつかなくなる傾向があるようにも見える。

日韓間の請求権問題は、14年間にもわたる交渉の末、1965年に締結された日韓基本条約とそれに伴う協定で「完全かつ最終的に解決され」、「いかなる主張もすることができない」と確認されている。これが守られないようでは国際関係は成り立たない。

サハリン残留韓国人支援事業もその他の問題もこの原点に戻らなければならない。戦後をいつまでも引きずらないためにも、整理すべきは整理し、打ち切るべきは打ち切るべきだろう。

「反日デモ参加は国益」 2010年10月24日

2010年10月22日の衆院法務委員会で、岡崎トミ子国家公安委員長は自身が2003年にソウルの駐韓日本大使館前で行われた反日デモに参加し、こぶしをふりあげて演説したことを「国益にかなう」と自己評価しました。

後輩の内藤慎二記者がテープ起こしをしてくれたので改めて読み返し、岡崎氏のシドロモドロぶりと逃げっぷりが強く印象づけられました。この人は自分が一体何を言っているのか途中でわけが分からなくなったのだろうけれども、とにかく必死で何かをごまかそうとしています。

《**稲田氏**　岡崎大臣の2003年の反日デモの問題をうかがうことを、質問通告いたしましたら、（民主党側から）「その問題と日本の治安との関係がない、だからこの委員会には来られないんだ」と。私は大変驚きました。やはり、反日デモと、我が国の治安というのは密接な関係があって、その点について質問をすべきだと思っているからです。

さらに、「質問の内容を事前に知らせて、それを個別に関係があるかどうかを精査したい」という申し入れもありましたが、やはり、我が国で最高の言論の府である国会で質問をする権利を事前に制限されるのはおかしいことですし、それはひいては国民の知る権利を侵害することであり、我が国の民主主義の根幹を揺るがすものであると考えております。

大臣、来ていただきましたので、質問をさせていただきます。まず、2003年の大臣の反日デモのことについて、菅総理は「本人も、過去の言動に配慮に欠けた面があり、誤解を招いたことについて深く反省をし、以後注意しており、内閣の方針に従って職務に邁進《まいしん》していくという旨を表明されております」と答弁された。この2003年のデモはいかなるデモで、大臣はどのような趣旨で参加をされたのか。具体的な事実についてうかがいます。

岡崎氏　2003年、私が韓国に参りましたのは、慰安婦とされた過去の戦争の問題に関して、人の心がたいへん踏みにじられていた。私どもは、日本の中で、戦後の問題、過去の問題について取り組むことが大切だというところで、私たちの活動を説明に参りました。その場所では、韓国全土から慰安婦とされたお婆さんたち、被害者の皆さんたちがそこに集まってこられるということで、私はその報告の場に参加をした。

稲田氏　今おっしゃった報告の場に参加をされた、それは公務として行かれたのか。

岡崎氏　私は、一応自分の旅費で参りましたが、参加した時には空港の送り迎えといったものは、もちろん公用車を使用させていただいた。（略）これは、国会の活動について報告に行くということで、あくまでも活動の報告だと思っております。

稲田氏　大臣が行かれた場所ですが、そこは日本大使館の前であり、そこで日本政府を糾弾するデモをやっていたと報道されているが、間違いはありませんか。

岡崎氏　戦争の被害にあった皆さんたちからしますと、自分たちの要求について、その中で「ぜひ自分たちの願いを聞いてほしい」、そういう気持ちの場だったと思っております。

稲田氏　大臣は、国会議員として行かれたのか、私人として行かれたのか、いずれでしょうか。

岡崎氏　国会議員として参りました。

稲田氏　新聞によりますと、「社民、共産など他の女性議員3人も一緒だが、日本大使館前デモには、岡崎議員だけが参加した」と報道されているが、間違いはありませんか。

岡崎氏　たまたま報告の場に参りましたのは、社民党、共産党の方もでしたけれども、私はその場に遅れて、お二人は帰ってしまって。最初の報告会に私は出ていない。その日は、皆さんもうお帰りになった。残ったのは私だけだったと思っております。

稲田氏　具体的に分からないのですが、ソウルの日本大使館前で平成15（2003）年2月12日に、いわゆる慰安婦と言われている方々の反日デモに参加をしたのは、岡崎大臣だけなのか、他の女性議員3人も参加されたのか、どちらですか。

岡崎氏　私だけが参加いたしました。

稲田氏　国会議員として、いわば大使館の前で行われているところの、いわゆる従軍慰安婦の反日デモに岡崎大臣だけが参加をされた、そのような事実でいいですか。

岡崎氏　たまたま、後の2人は日程が合わなかったために帰国されたと思います。

稲田氏　その日本大使館の前で行われているデモの場で、「日本反対」、それから国旗にバッテンの付いているポスターが掲げられていたことを大臣はご存じでしたか。

岡崎氏　私は全く知りませんでした。

稲田氏　それはおかしいですね。西田（昌司）議員が予算委員会でも提示をされたと思いますけれど、新聞の中に日本の国旗にバッテンをしたポスターの前で、大臣がたたずんでいらっしゃる写真があります。そしてそこに「ソウルの日本大使館前で12日、『日本反対、挺対協』などと書かれたポスターを掲げる韓国の慰安婦問題の反日デモに参加する岡崎トミ子民主党議員」というキャプションがついております。この写真を大臣は見られたことがないんですか。

岡崎氏　7年前の新聞、よく分かっております。でも私、全然分からなかったんです。私の後ろにそれがあった。説明をしますと、お婆さんたちが椅子に座って、前にいらしたわけですけれども、そこがほとんど写されていなくて……。新聞の報道を見て初めて知りました。

稲田氏　それに対して、大臣はこの写真について、抗議をされたんですか。

岡崎氏　いたしません。私は別に後ろにあったかどうかというのは、本当に分からない状況でした。

稲田氏　この写真は世界中に配信されて、すべての世界中の人が、あなたが日本大使館の前で、慰安婦問題で政府を糾弾する反日デモに参加している写真そのものと認識するわけです。これを知らなかったというのは通りませんよ。

岡崎氏　結局、私がどういう状態で行ったかということを説明しなきゃいけないと思うのですが、私がその場に着いた時にはもう態勢が整っていて、そして、手を引っ張られるようにして、その位置についた時、周りを見る余裕はまるでありませんでした。本当に分からなかったんです……。（「途中から帰ればいいんだよ!!」とヤジ）。いや、分からないんですよ。後ろにあったんです。見解が違います。

稲田氏　そんな言い訳、誰も信じません。何枚も写真があるんです。そして、大臣はいわゆる慰安婦の方々の前で、マイクを持って、何らか演説をされていたり、そして慰安婦の方々に話しかけたり、そちらの方を向いて大きな声を出したり……。しかも新聞の中で「日本政府を糾弾する岡崎トミ子議員」だの、そういうキャプションが付いていて、それに対して抗議もせずに、ずっとそのまま認めているということは、まさしくその通りだからじゃないんですか。

岡崎氏　私は、報道されたことについては「そうなんだな」というふうに思いましたけれども、私自身は全く日の丸にバッテンは無関係でございます。私は、日の丸、君が代、日本国の国旗国歌に関して、大変皆が尊重しているということを、私も大事だと考えておりますので、その時には、そのようなことがまるで見えなかった、分からなかった。そういう状況は間違いございません（少し声を張り上げる）。もう少し何か別なフィルムででも見れば、私がどの目線でどこにいたのかが分かるだろうと思いますけれども、全く分からなかったんで驚いたんです。

稲田氏　だとすれば抗議をすべきだし、そして、この問題があなたが日本に帰ってきてから民主党内でも問題になったのであれば、こういった誤解、あなたが言う「見ていない」のであれば、この写真について抗議をするのが政治家として普通じゃないですか。何にも抗議をしないで、「知らなかった」というのは通りませんよ、こんなこと。

岡崎氏　つまりそういう点について、誤解を与えたことについて、反省をしているんです。そのことをご理解いただきたいというふうに思っております。

稲田氏　今の「反省をしている」内容ですけれども、写真を撮られたことに抗議をしなかったことを反省しているのですか。何を反省しているんですか。デモに参加したことは反省していないということですか。

岡崎氏　誤解を受けたことについて、「残念だな」と思って、その点、反省をしているということでございます。

稲田氏　誤解について、どうやってあなたはその誤解を晴らすような行動を、どんな行動をとったんですか。また、その誤解を招いたことに気付いたのはいつなんですか。

岡崎氏　私は、自らの国会における活動につきまして報告に行ったということですので、例えばマイクを持っておりましたのは、私どもの活動について報告をしていたことでございまして、それが私のすべてだったと思いますけれども、その後でその写真がそのような結果になっていたというので、私は全く（強調）本当に後ろの、そのことについては、私の責任ではございませんので。そういう思いの人たちが韓国の中にいたということですから、私には無関係でございます。

稲田氏　私の質問に答えていないんです。いつその誤解について気がつき、その誤解を解くためにどんなことをしたんですか。（別の議員の声で「誤解ってあなたたちがしているから言っているんですよ」）誤解を招いたって言ったじゃないですか（ガヤガヤ応酬）。

岡崎氏　どの時点でといいますと、私はまっすぐな自分の活動だと当時は考えておりましたので、それで報道で誤解をした方々がいらっしゃったので、それについて反省をしたということでございます。それ以上でもそれ以下でもございません。

稲田氏　誰が、何について、どのように誤解をしたんですか（岡崎がなかなか答えず）。では、もう1回。誰が、何について、どのように誤解をしたと、あなたは考えているんですか。

岡崎氏　例えば、やはり戦争で慰安婦とされてしまった、それは心ならずも70年もそういう苦しみの中で生きてきた、当時はそこにいらっしゃる被害者の方々はご高齢で、大体70から80になんなんとする方。今はその方が90になんなんとする……。そういう年齢の方々でございます。

そして「どうしても死んでも死にきれない」、「私の心はズタズタになっている」、「深い悲しみの中にいた」……。そういう皆さんたちに、本当に被害者に寄り添わなければいけない……。そのときはそういう気持ちがあって、行っておりますけれど……。

今日は私の所管外の委員会ですから、当時は私たちが野党として法案を持っておりましたので、その内容も説明をしなければいけない、そういう状況でした。ですから、私としては、まっすぐその活動を行ってきたということなのですが、結果として、その報道がされました後で、「誤解を招く」ということで批判も受けましたので、その批判につきまして（稲田が『質問に答えて下さい』と叫ぶ）私自身は当時の役職も降りて、その事で責任もとって、活動をしばらくは、党の役員は停止をしたということです。

ですから「誰が」というふうに言われても、私はよく、「誰が」という特定をすることが難しいので……（『何について』と稲田）。ですから、さまざま、すべて含めて……。

稲田氏　誤解を招いたというのは、あなたがおっしゃっていることですから、一体何に対する誤解を招いたのかと。何が誤解なんですか。あなたが反日デモに参加していたことは誤解でも何でもないじゃないですか。そこにバッテンの日の丸があったことが誤解なんですか。

岡崎氏　つまり、その報道によって、色々な考えの方がもちろんいらっしゃって、その報道を見てさまざまに思った方々の中にもちろん誤解をされた、そういう活動だった、行動だったというふうに思って反省をしております。

稲田氏　誤解の内容が明らかじゃないのに、何を反省しているんですか。一体、何を誤解と考えて、何を反省しているのか。あなたが韓国のいわゆる従軍慰安婦の反日デモ、日本の大使館に対する反日デモに参加したことは事実として間違いがないんですよ。じゃあ何を誤解したんですか。趣旨ですか。

岡崎氏　「反日だと思われたこと」だと思います。

稲田氏　誰が見たって反日なんですよ。だって、いわゆる従軍慰安婦の皆さんが、大使館に向かって抗議のデモをして、そして、それにあなたが、反日デモに参加したこと自体は間違いがないのですから。慰安婦の日本大使館に対する、政府への抗議デモに対して、あなたが参加したことについては、誰も誤解はしていないわけです。ですから、そのデモに参加したことについて、あなたは反省をしているのかしていないのか、どちらですか。

岡崎氏　私は、今でも思っておりますのは、あの時は70代、そして今は90代になんなんとするお婆さんたちが、なぜそこで自分たちの要求を言わざるを得なかったのか。どんな人生を歩んできたのか。そういう被害者としての悲しみ、苦しみ、それが70年以上続いているということ。その事に対して、私は自ら過去の問題について取り組むことが大事だと考えて参りましたし、被害者に向き合うことが大事だと考えてまいりましたので、その活動なわけなんです。

でも、そのことが、その報道によって、私の活動が「反日」だと言われたことが「誤解」だと思っております。私は反日の活動をしたつもりはございません。むしろ、戦争の問題についてきっちり答えていく、そして、この国が本当に世界の国々から、誇りを持つ国である、今でも誇りを持っておりますけれども、そのようにさらに思っていただける。私自身は、国益にかなうという思いを持っております（一斉に拍手）。

稲田氏　何の拍手ですか。今の話を聞きますと、いわゆる従軍慰安婦の方々が被害者で、加害者は日本政府なんです。そして、日本政府に対して抗議のデモをし、謝罪と賠償を求めている反日デモに参加したことについては、それは事実としては全く認めているわけで、それが「反日」と評価されたとしたら、それが誤解だと言うのであれば、何の誤解もないと私は思います。

そして、日本政府を加害者だとし、いわゆる従軍慰安婦の方々を被害者とする抗議の反日デモに参加したことは、日本の国会議員としては適切ではないと思っておりますし、それが国益に合致するというのは、私はとても理解することができません。従いまして、あなたがおっしゃっている「反省」というのは、全く「反省」になっていないわけです。そういった方が日本の治安のトップにいらっしゃることは大変不適切だと思っております。（中略）

大臣はそのデモに参加して、あなたは何らかの演説をしたわけですよね。従軍慰安婦の方々の立場に立って、政府を加害者として演説をしたその内容が何だったか、これについて何で答えないんですか。そして、それは従軍慰安婦に補償すべきだという演説だったのではなかったのか。そこをおうかがいしているんです。

岡崎氏　議員立法の内容についてまで、所管外の委員会で、私は申し上げる立場にはおりません。

稲田氏　私が聞いているのは、あなたが国家公安委員長としての資格があるかどうかに関連をして、この2003年の反日デモでいかなる内容の演説をしたのか、これを聞いているんです。多分、その中の内容は、従軍慰安婦に補償するべきである、日本政府に対して、それを大使館に向けて演説をしていたと思いますから、その内容についておうかがいしているわけですから、どうして答えないんですか。答えてください。

岡崎氏　私が総理から指示書をいただきましたのは、国民の安全のために治安を確保すること。このことに全力を挙げていく、そういう仕事でございますから、これからもその点に従って、しっかりと頑張ってまいりたいと思います。（中略）

稲田氏　答えてません。答えてません。答えてないじゃないですか。

岡崎氏　やはりトータルで言いますと、人間の尊厳の回復のことだけを覚えておりまして、不正確であるということについて、この委員会でお答えするのは差し控えなければいけないというふうに思っております。とにかく、（『答えてない』と稲田氏）私がマイクを持って、日韓関係、信頼関係を取り戻していくという作業であった、そして、個人個人の人たちが本当に一人一人豊かな人生を歩む、そういう権利があるわけですので……。（ガヤガヤ、略）個人補償の問題も含めて、私は不正確であってはならないというふうに思っておりますので、その点をご理解をいただきたいと思います。

稲田氏　全く納得できません。個人補償の請求をしたかどうか。ここまで抵抗してお答えにならないということ自体が、私はおかしいと思いますし、大臣が全く反省をされていない。この従軍慰安婦の、政府に対する、日本大使館に向けての抗議デモは、まさしく被害者というういわゆる従軍慰安婦が、日本政府を加害者として個人補償を求めるデモで、あなたがそこの場に行って、個人補償を請求していないというはずはあり得ないと思いますけれども、そこまで頑なに自分が何を言ったかお話にならない。

大臣は反省もなければ、全くそれに対する認識もない。私は、あなたがこの国の治安のトップであることは、この国の治安にとって、大変な国益を害することでありますので、大臣の辞任を求めて、私の質問を終わります》

菅首相と閣僚の国旗・国歌観　2011年7月22日

2011年7月21日、参院予算委員会での自民党の山谷えり子氏の質問が興味深かったので少し紹介します。

現内閣には、菅直人首相を初めとして1999年の国旗国歌法案採決時に反対票を投じた閣僚がごろごろいるわけですが、山谷氏がそれぞれに理由をただしたのです。その回答を聞きながら、みんな少しずつ、都合のいいようにごまかしているなあと感じた次第です。今の立場では、「君が代」は嫌いだと、どうしても口に出して認めたくはないということでしょうね。以下、そのやり取りに私の所感を付け加えたものです。

《**山谷氏**　国旗国歌法にどういう気持ちで反対したのか。

菅氏　国旗国歌法については長い経緯について何度も説明したが、その時は党として国旗についての法律を対案として出したが、結果としてそれが採決されない中で、党として自主投票にいたしたと記憶している》

何も答えていないに等しいですが、菅氏は当時の新聞には「君が代は天皇主権時代の国歌だから」と本音を語っています。また、この「対案」が彼らの本心を示しているといえます。朝日新聞出版から出ているインタビュー本の中で、菅氏はこう経緯を説明しています。

《この問題は若干経緯があります。わが党は対案を出したが、それは国旗については認めるが国歌は見直そうというものでした。簡単に言うと国旗は歴史的にもデザイン的にも非常に親しまれている。しかし、国歌は何となく元気が出ないし好き嫌いもある。だから見直すことを党議で決めた》

党議拘束をかけた段階で、「君が代」は見直すと決定していたというのは重要なポイントですね。当時、代表だった菅氏のスタンスがここに表れています。結局、この対案が否決された段階で、国旗国歌法案に関しては自主投票となったのですが、本音は隠しようもありません。そして、この日の丸はいいが君が代はダメという主張は、私がずっと前に故槙枝元文日教組委員長にインタビューした際に聞いたものと同じ論理です。根っ子を共有しているのか。

《山谷氏　枝野幸男官房長官はどうして反対したのか。
枝野氏　これは私の法律家としての感覚では、一般の学説と違うかもしれないが、国会における明文法とそれと慣習法ではどちらが強い法律であるか。国会における明文法は衆参両院の2分の1で変えることができる。しかし、我が国の国旗が日の丸であり、国歌が君が代であることは国会の多数をもっても変えられないむしろ定着した慣習であると思っていて、こうした定着した慣習についてあえて明文法にすることはむしろ強い慣習法としての効力を弱めることになると考え、あえて明文法にせずに慣習法としてより強い力を持つべきと考え、反対した》

枝野氏は弁護士らしく、成文法にせずに慣習法にしておいた方がより日の丸・君が代のステータスが高かったからだと理屈をつけていますが、でもこの言い分は、それ以前の段階で、民主党が「君が代」は見直し、他の国歌をつくると決めていたこととどう整合性をとるのでしょう。この人も、仙谷由人官房副長官と同様、法匪《ほうひ》的な詭弁《きべん》を弄するのがうまいだけで、答弁に誠意は全く感じられませんね。
《山谷氏　江田五月法相はなぜ反対したのか。
江田氏　民主党が修正案を出して、その修正案が否決されたので反対した》
若い頃は歴とした社会主義者だっただけあって、こっちのほうがいくぶん、ストレートです。それでも十分ごまかしていますが。この学生時代に自民党本部に乱入し、逮捕された（不起訴処分）ことすらある人物は、より確信犯的なにおいがします。

《**山谷氏**　大畠章宏国交相はなぜ反対したのか。

大畠氏　私は学生時代から剣道部であり、常に国旗に対して敬意を表してきた。従いまして、世界中でも素晴らしい国旗と思っている。ただ、法律で決める以前に私は国民からまさに信頼と尊敬を受ける国旗・国歌であってほしいと思っていて、法律というのがなじむのかなじまないのか迷った結果、そのような決断になった。

国旗であれば、当然ながら賛成した。国歌というものは非常に重要なものであるが、さまざまな歴史がある。そういう意味で、みんなが理解しやすい国歌があってもいいのではないかと。そういうものをいろいろと逡巡《しゅんじゅん》しながら、最終的には指摘のような判断になった》

前段の理屈と、後段の理屈の関係が微妙に矛盾しているというか、不明瞭な感じがします。まあ、「法律になじむ」かどうかなどと言っていますが、要は「君が代」は嫌いだったし、国民から信頼と尊敬を受ける国歌にはふさわしくないと考えていたということでしょう。

《**山谷氏**　海江田万里経産相はなぜ反対したか。

海江田氏　私は枝野さんと同じ》

枝野氏の言い分を「うまい」と思ってパクったんだかどうだか、少し投げやりな感じですね。この人が7月20日の衆院予算委で、司馬遷《しばせん》の「死は或いは泰山より重く、或いは鴻毛《こうもう》より軽し」を引いて、菅氏の存在の耐えられない軽さを堂々と指摘したときはちょっと感心したのですが、まあこの人も軽い才子にすぎない気もします。

話は飛びますが、伸子夫人は菅氏が首相就任した直後に出版した著書の後書きで、こう書いています。

《菅に世間の空気を送り込み、裸の王様にしないのが私の役目のひとつでしょうか。これからも、日本一うるさい有権者であり続けたいと思います》

私の見る限り、菅氏は２０１０年９月下旬にはすっかり「裸の王様」になっていたと思います。その後もずっと裸のままで、目をそらさずにはいられません。なのでいい加減、伸子夫人にもその役目とやらを果たしてほしいものです。

外国人参政権で「民公社」が悪夢のコラボ　２０１１年11月18日

２０１１年11月18日、ホテルニューオータニ（東京都千代田区）で、在日本大韓民国民団の創団65周年記念式典が開催され、そこに来賓として訪れた政治家たちの言葉を取材してきました。

この日も、民主党の赤松広隆元農水相や江田五月前法相や公明党の太田昭宏元代表らの姿を会場で確認しました。自民党議員は私が気づかなかったのか来ていなかったのか、見つけることはできませんでした。

で、久しぶりに登場したのが世界中に「ルーピー」として知れ渡った著名人、鳩山由紀夫元首相です。登壇した鳩山氏は冒頭、「アンニョンハシムニカ」と韓国語であいさつし、参政権問題についてまた訳の分からないことを述べていました。

以下、政治家のあいさつは、私がメモできた範囲なので全文ではありません。

《**鳩山氏**　皆さま方が常に韓国民である誇りを持って頑張ってこられ、今日の地位を築いてこられたことに心から敬意と感謝を申し上げます。

私は短い期間ではありましたが、首相在任中に李明博大統領と何度も話をさせていただき、日韓関係を前進させていくことができたことが、私の政治人生で最も大きな喜びです。

李大統領には、「お前ではなく奥さんの功績だ」と言われていまして、女房とキムチのおかげだと感謝している。

多くの日本人は韓国が大好きで、そして韓国人が大好きです。もっともっと仲良くなっていきたいというのが私たち日本人の真実の姿だ。

やはり、永住外国人、特に韓国人の地方参政権を早く認めるようにと、これは当たり前の願いだと思います。

時間がかかっていることは申し訳なく思っているが、私ども政治の立場から答えていかなければならない。民主党も最善の努力を申し上げ、できる限り来年の通常国会頑張りましょう、皆さんの気持ちがようやく届いたねとなるように、民主党は、お約束したい》

鳩山氏は2011年1月の民団新年会でも「皆さま方の悲願である地方参政権の付与に関して、大きな道を開く年にしていこうではありませんか。そのための努力を行う1年にしてまいりたい」と述べていました。それが今度は、来年の通常国会での法案成立を約束したいと言い出したわけです。

いかに万人が認めるルーピーとはいえ元首相、元民主党代表の言葉ですから影響力は無視はできません。記念式典では早速、公明党の山口那津男代表がこれに呼応するあいさつをしました。

《**山口氏**　永住外国人の法的地位の向上、とりわけ参政権については公明党は一貫して推進を図ってきた。しかし、公明党単独では実現できない。

鳩山元首相から心強い話があった。是非とも民主党あげて合意を固め、国会に提出していただければ我々は喜んで成立に努力する》

在日韓国人の中にも創価学会員は少なくありませんし、公明党が新たな票田として期待しているのは分かりますが、なんとも節操がありません。ここでさらに社民党の福島瑞穂党首が参戦しました。

《福島氏　（在日韓国人に）日本において地方参政権がないことを本当におかしいと思っている。民主党と公明党と社民党が協力すれば、国会で、衆参でこの法案が通ります。（在日韓国人が）来年の韓国の国会議員選挙も大統領選も日本の選挙にも投票できる社会を目指したい》

在日韓国人は韓国の国政選挙での投票権を持っており、現に本日の式典でも会場では在外投票の呼びかけが行われていたのですが、本国でも日本でも投票できるとなれば、これはもう「特権」と言えますね。福島氏はそれを目指すというわけです。

そして、少なくともこの会場では、民主、公明、社民の3党は見事に一致、協力をうたいあげたわけです。今のところ、野田佳彦首相は「私は参政権付与に慎重な立場だ」（11月15日の参院予算委員会）としていますし、ただちに政治日程に上ってくる状況にはありませんが、今後の行方は予断を許しません。

▼国益損じた鳩山氏の身勝手外交　2012年4月10日

イランにとって鳩山由紀夫元首相の訪問は「飛んで火に入る春のハト」なのか。あるいは「ハトがネギを背負って来た」のか。いずれにしろ日本外交はまたも自爆してしまった。

「私の言ったことに非常に感謝していただきながら率直な話を聞いた」

鳩山氏は帰国後の2012年4月9日夜、記者団にアフマディネジャド大統領らとの会談を振り返った。どうやら自己満足に浸っているようだが、現実はそんなに甘くない。

欧米諸国と協調してイランへの制裁圧力を強めてきた日本政府は「身内」に足をすくわれ、逆にイランは、日本と欧米の足並みを乱し、相互不信を助長させる情報戦に勝利した。

「我が国の国益を損失するような事態だけは避けなければならない」

鳩山事務所がイラン訪問に際し、4月5日に発表した文書にはこんな文言が記された。実際には鳩山氏が何か言い、何か動く度に国益は失われていく。

しかも鳩山氏は元首相というだけでなく民主党最高顧問（外交担当）である。いかに本人が「個人」、「一議員」を強調し、首相官邸や外務省が鳩山氏を引き留めようとしたことが事実であっても、関係各国は「背後に日本政府の意向がある」と受け止める。

イラン国営プレスTVは早速、鳩山氏が国際原子力機関（IAEA）について、イランなど特定国を不公平に扱っていると批判したと伝えた。鳩山氏は「捏造《ねつぞう》だ」と強調するがあとの祭り。イランの宣伝工作に利用されるのは最初から明々白々だった。これでは日本に核拡散防止の意思がないかのようではないか。

ところが鳩山氏にその自覚は全くない。そういえば最高顧問への就任直後にはこう述べていた。

「民主党は若さを売り出してきたが、経験に裏付けられた行動をしないといけない。少しまだ役立たせてもらいたい……」

何の経験がどんな役に立ったというのか。海上自衛隊によるインド洋での補給活動を打ち切り国際社会の失望を招き、米軍普天間飛行場移設問題を座礁させたのは誰なのか。2012年3月に訪米した島田洋一・福井県立大教授は「米側の外交スタッフの多くは名指しで鳩山氏を無責任だと怒り、ばかにしていた」と証言する。

そんな鳩山氏を最高顧問に任命し、その人事を正当化し続けたのは誰か。野田佳彦首相である。政権が鳩山外交の危険性を何も理解していないことの証左ではないか。もはやつける薬はない。

あとがき

民主党政権のあまりと言えばあんまりな外交・安全保障分野での迷走と失策により、これまで以上に注目を浴びることになったのが野党・自民党の動向だ。

２０１２年９月の自民党総裁選は、事実上の次期首相を選ぶ選挙としてメディアの関心を集め、同時期に実施された民主党代表選は野田佳彦首相の再選が確実だったこともあり、ほとんど話題にならなかった。

至極、当然のことだと思う。また、そうであらねばならないはずだ。

沖縄県・尖閣諸島に対する中国の領有権主張の強まりは、「東シナ海を友愛の海に」と意味不明のことを訴えた鳩山由紀夫元首相の言動が招いたものだ。当然、菅直人前首相による中国漁船衝突事件を起こした中国人船長の超法規的釈放もそれを手伝った。

２０１０年11月の横浜ＡＰＥＣ（アジア太平洋経済協力会議）で、当時の菅首相が中国の胡錦濤国家主席と会談する際、冒頭のあいさつ部分からペーパーに目を落としておどおどと読み上げるだけだったのは記憶に鮮明だ。

「だって、相手の名前を言い間違えたら悪いだろう」

菅氏は後にこう釈明したが、中国の国家主席の名前もそらんじることができなかったのか。こんなものを首脳外交とは呼べない。

韓国が慰安婦問題で執拗に日本批判を続けるのは、宮沢喜一政権の河野洋平官房長官が一九九三年、資料的根拠も日本側証言者も見つからないのに、韓国側が求めるまま慰安婦募集の強制性を認めた「河野談話」を発出したためだ。

その意味で自民党政権の罪は重いが、李明博大統領が日本に過度の期待を持ち、後に「裏切られた」として余計に強硬となったのは野田首相や民主党の前原誠司政調会長（当時）が、「慰安婦問題で知恵を絞る」と不必要な約束をしたからだ。

ロシアの大統領や首相が北方領土に上陸しても、何ら有効な対抗措置すらとれない日本の現状に、諸外国が侮《あなど》りの気持ちを持つのはむしろ当然だろう。

民主党政権の外交当事者能力の欠如が、かつて自民党を見離した有権者の目を、再び自民党に向けたことは否めない。

そして、自民党の第25代総裁に選出され、総裁経験者として初の再登板を果たしたのが安倍晋三元首相だ。主張すべきを主張する安倍氏の外交姿勢が一定の評価を受けたのは間違いない。

国民は民主党政権を反面教師として、外交の重要性を学んできたというわけだ。

実際、安倍氏は総裁に就くと、幹事長に石破茂、副総裁に高村正彦、国対委員長に浜田靖一各氏と要職にそれぞれ防衛相経験者を配した（高村氏は外相も経験）。

防衛相に「ド素人」の田中直紀氏や「素人」の一川保夫氏を充てた野田政権と、実に対照的な布陣だといえる。

首相退陣後、安倍氏は民主党が掲げていたスローガン「国民の生活が第一」について、こんな感想を語っていた。

「国民の生活を最重視するのは政治家にとって当たり前すぎるぐらい当たり前のことであり、重要なのはその上で何をやるかだ」

政権交代の熱狂の前では、このごく当然の議論が通じなかった。そして各分野の専門家が軽視され、「素人」が「素人だからできることがある」とやたらともてはやされた。

だが、結果は明らかだろう。「国民の生活が第一」は皮肉にも他党の名称となり、民主党の素人外交はわが国に災厄をもたらし、「政治主導」というかけ声は迂闊《うかつ》に口にすると恥ずかしい言葉となってしまった。

「官房長官になって初めて、外交の重要性が分かった」

鳩山内閣の退陣後、当時の平野博文官房長官は周囲にこう語ったとされる。これでは、国民はいい迷惑だというほかない。

民主党の鳩山、菅両氏と小沢一郎元代表の三頭立て馬車による「トロイカ体制」は、日本を壊すだけ壊して何も生まなかった。今やトロイカ自体も崩壊した。

ただ、壊れてしまった以上は、再びつくり直し、立て直すしかない。そしてそれは、もう民主党には任せられないことは、この本で縷々述べてきた通りだ。

もちろん、再び政権交代したからといって、外交も内政も一度にすべてがよくなるものではないだろう。民主党政権の尻ぬぐいをし、後片付けをするだけでも大変な時間と労力が必要となるはずだ。

とはいえ、今回の政権交代の失敗、何がダメだったかに学ぶことで、民主党政権には望むことのできないわずかな光、将来への希望は見えてくるのではないだろうか。

平成24年9月末日　阿比留　瑠比

阿比留瑠比（あびる・るい）

産経新聞政治部編集委員。1966（昭和 41）年、福岡県出身。早稲田大学政経学部を卒業後、90 年、産経新聞社入社。仙台総局、文化部生活班、社会部（文部省、宮内庁、警視庁など担当）を経て、98 年から政治部。政治部では、首相官邸、自由党、防衛庁、自民党、外務省などを担当。2009 年以降、政治部首相官邸キャップ、外交安全保障統括担当として、民主党政権中枢を取材。豊富な情報を提供するブログ『国を憂い、われとわが身を甘やかすの記』は累計 3400 万超アクセスの人気。月刊誌等への民主党をテーマにした寄稿も多い。著書に『決定版　民主党と日教組』（産経新聞出版）、『政権交代の悪夢』（新潮新書）など。

破壊外交 民主党政権の３年間で日本は何を失ったか

平成 24 年 10 月 29 日　第 1 刷発行
平成 24 年 12 月 3 日　第 2 刷発行

著　　者　阿比留瑠比
発 行 者　皆川豪志
発 行 所　株式会社産経新聞出版
〒 100-8077 東京都千代田区大手町 1-7-2 産経新聞社 8 階
電話　03-3242-9930　FAX　03-3243-0573
発　　売　日本工業新聞社　電話　03-3243-0571（書籍営業）
印刷・製本　株式会社シナノ　電話　03-5911-3355

ISBN978-4-8191-1189-8